总 策 划：许　琳
总 监 制：夏建辉　王君校
监　　制：韩　晖　张彤辉　顾　蕾　刘根芹

主　　编：吴中伟
编　　者：吴中伟　吴叔平　高顺全　吴金利
修　　订：耿　直
顾　　问：陶黎铭　陈光磊

Dāngdài Zhōngwén

当代中文
修订版

Contemporary Chinese
Revised Edition

Kèběn

课本

4

TEXTBOOK
Volume Four

主　编：吴中伟

编　者：吴中伟　吴叔平
　　　　高顺全　吴金利

翻　译：徐　蔚
　　　　Yvonne L. Walls　　Jan W. Walls

译文审校：Jerry Schmidt

First Edition 2003
Revised Edition 2015
Third Printing 2016

All rights reserved. No part of this book may be reproduced, stored in a retrieval system, or transmitted in any form or by any means without permission in writing from the publisher.

ISBN 978-7-5138-0836-1
Copyright 2015 by Confucius Institute Headquarters (Hanban)
Published by Sinolingua Co., Ltd
24 Baiwanzhuang Road, Beijing 100037, China
Tel: (86)10-68320585, 68997826
Fax: (86)10-68997826, 68326333
http://www.sinolingua.com.cn
E-mail: hyjx@sinolingua.com.cn
Facebook: www.facebook.com/sinolingua
Printed by Dachang Rainbow Printing Co., Ltd

Printed in the People's Republic of China

User's Guide to the Revised Edition

The Chinese language learning course book series *Contemporary Chinese* is designed around the basis of grammatical structure and is integrated with differing topics, functions and cultural aspects. This series is aimed at developing students' comprehensive skills of listening to, speaking, reading and writing Chinese. It includes *Textbook* volumes one through four, with an accompanying *Exercise Book* and *Teacher's Book* for each, audio materials as well as a *Character Book* for Volume 1 and Volume 2.

The first edition of *Contemporary Chinese* was published in 2003. The series is now in its revised edition and has been modified based on suggestions from readers worldwide and taking into consideration the Chinese Proficiency Test Syllabus (HSK) and the International Curriculum for Chinese Language Education. This edition retains many features from the first edition, with some mistakes corrected and part of the texts updated. Some exercises and activities have been added in the *Textbook* while *Testing Materials* and *Supplementary Reading Materials* will be offered for this edition.

Features of this series:

1. Elementary-level instruction: Equal importance should be attached to conversation, phonetics and Chinese characters, and a systematic approach should be taken to teach these three aspects independently. Phonetics is the key to speech and thus will become the teaching focus at the elementary level; while Chinese characters are the stepping stone to reading and writing, characters should be taught beginning with basic strokes and stroke orders and a few characters with typical structures so as to cultivate a sense of their overall structure in students. Conversation should be taught by asking students to repeat full sentences after listening. We suggest that 1/5 of a class period be spent in teaching conversation, 3/5 training phonetics and 1/5 practicing characters successively so that this course will not only help students to create a solid foundation of phonetics and Chinese characters, but also satisfy their communication desire, break the normal learning routine and help them to acquire a sense of achievement.

2. Phonetic instruction: At the elementary-level, phonetic teaching should be carried out from an overview of the subject to details, then back to an overview. In this way, students can, at the outset, obtain a full picture of Chinese phonetics, then a focus may be put on training students' pronunciation step by step, then finally having the students review what they have learned. Despite all the phonemes being listed in the textbook, a concentration on teaching difficult phonemes should be made instead of putting equal focus on all. Translations are given for corresponding pinyin vocabulary words so as to reduce the monotony of memorizing meaningless phonetic units. The textbook combines the teaching of syllables and phonemes with that of speech flow. Instruction may begin from syllable to phoneme so as to improve accuracy of the latter, or from syllable to speech flow so as to reveal the functions and changes of phonetics during vernacular discourse. Phonetic teaching is a long-term task; therefore, phonetic training remains a major part of the textbook after the elementary level.

3. Chinese character instruction: The *Character Book,* for volumes 1 and 2 of the textbook series, is designed based on the unique features of Chinese characters to improve teaching effectiveness. In the series we will shift from the traditional method of requiring students to recognize and write characters simultaneously to the method of separating the two processes; first reading, and later writing at the elementary level. After the elementary level, we will continue to distinguish these two processes by only requiring students to be able to read and write around 25 characters per unit. By the end of Volume 2, students will possess the competence to simultaneously read and write Chinese characters. At this stage, character exercises need to be strengthened while stories related to characters can be told so as to stimulate students' interest in learning and help them to better memorize and understand Chinese.

4. Vocabulary instruction: The vocabulary in this series can be used independently of other segments. They are organized in a practical and systematic way with special exercises designed around them. The words in the glossaries of volumes 1 and 2 are arranged based on the intrinsic meaning of or grammatical functions between words instead of their order of appearance in the text. Some of the words in the glossary do not appear in text. For example, only the character 女 appears in the text, but the glossary will contain both 女 and 男. In addition, the course book series places a premium on the instruction of morphemes and adopts the teaching method of combining characters into words or associating words with characters. In *Character Book,* the meaning of morphemes for certain words is presented and then combined with previously learned

characters to form new words so as to expand students' vocabulary.

5. Grammar instruction: This series keeps the grammar to the simplest level, and focuses on the application of grammar and the learning habits of non-native learners. One approach adopted is to treat grammar points as the usages of words or phrases. For instance, the series does not list the modal verb as a grammar point as in its earlier edition. Instead, the similarities and differences between two modal verbs 能 and 会 are introduced. Another approach is to bypass some grammar points such as complex sentences and introduce correlatives as new words such as 可是 and 所以 at an early stage. Students will learn the new words first and the grammar later. The grammar points included in the book are sequenced according to their levels of difficulty and are reinforced at various stages. Many exercises are provided to train students' ability to translate the grammatical knowledge into a functional command of the language. Grammar terms are kept at a minimal level and more semantic and pragmatic explanations are provided. More detailed grammar points and some grammar related questions are included in the *Teacher's Book* for the benefit of the teachers.

6. Culture instruction: This series emphasizes everyday life, trends of the current age and contemporary issues, and features cultural differences and common grounds to make Chinese more relatable to students. The texts combine information about China and learners' native countries, with a focus on the former. Traditional culture and contemporary society are both covered, with a focus on the latter.

7. Exercises and activities: *Textbook* is composed of different units. In volumes 1 and 2, each unit is divided into three parts. Texts are the core of the first two parts and each text is preceded by certain warm-up activities, vocabulary exercises as well as grammar exercises. Such a scaffolding of activities and exercises are a manifestation of the teaching process aimed at examining students' preview of the vocabulary and familiarizing them with words and expressions as well as key grammar points. Furthermore, each text is followed by corresponding questions designed to check students' understanding along with certain extension tasks so as to cater to the various needs of students, which makes the series more adaptable to individual users. Language points and cultural notes constitute the third part of each unit. Cultural notes are provided for general reading while language points can be seen as a summary of the unit's key teaching points. These language points should be integrated into the course lesson plans; teachers can also use these language points to give error correcting feedback to students through the exercises.

The *Exercise Book* supplements the *Textbook*. The listening and reading exercises in the *Exercise Book* are designed to include some new words. Students are not expected to learn them as they will not affect their ability to answer the questions. This arrangement allows students to familiarize themselves with authentic communication scenarios and enhance their ability to communicate with the Chinese people in real life.

8. Teaching plans: Each volume of this series is divided into 12 units and it is suggested that 6-8 class periods be spent on each unit (Volume 1 contains eight units preceded by Unit 0, which is a preparation unit that can be covered over 24 class periods). Thus, each volume will take one semester or a school year to complete depending on the weekly class hour arrangement of the course and the level of students.

For more information regarding the basic structure and compiling thought of the series, as well as other reference materials, background information and teaching advice, please refer to the *Teacher's Book*.

We are always grateful for any of your suggestions and advice.

Wu Zhongwei
wuzhongwei@fudan.edu.cn

To the Learner

Welcome to *Contemporary Chinese*!

Contemporary Chinese is designed for students whose native language is English. The ultimate goal of this series is to develop the student's ability to comprehend and communicate in the Chinese language. Specifically, it provides training in the skills of listening, speaking, reading, and writing Chinese.

The whole series consists of **four volumes**. You may work through the whole series or use only the volumes of your choice.

The following are to be used together with the **Textbook**:

- **Exercise Book**
- **Character Book (only for Volume One and Volume Two)**
- **Audio materials and CD-ROM**
- **Teacher's Book**
- **Testing Materials**
- **Supplementary Reading Materials**

The **Textbook**:

- is concise, practical, authentic, and topical,
- is adaptable to the varied needs of different students,
- gives equal attention to listening, speaking, reading, and writing,
- guides your learning step by step.

After working through **Volume Four**, you should have a good command of **480 Chinese words and expressions, 39 grammar items and communicative function items**, and thus have a basic command of Chinese.

Learning Chinese is not so hard.

Let's start!

Chinese Grammar Terms

noun	N.	míngcí	名词
place word	PW	chùsuǒcí	处所词
time word	TW	shíjiāncí	时间词
location word	LW	fāngwèicí	方位词
pronoun	Pron.	dàicí	代词
question word	QW	yíwèncí	疑问词
verb	V.	dòngcí	动词
directional verb	DV	qūxiàng dòngcí	趋向动词
modal verb	MV	néngyuàn dòngcí	能愿动词
adjective	Adj.	xíngróngcí	形容词
numeral	Num.	shùcí	数词
measure word	MW	liàngcí	量词
adverb	Adv.	fùcí	副词
preposition	Prep.	jiècí	介词
conjunction	Conj.	liáncí	连词
particle	Part.	zhùcí	助词
interjection	Interj.	tàncí	叹词
subject	Subj.	zhǔyǔ	主语
predicate	Pred.	wèiyǔ	谓语
object	Obj.	bīnyǔ	宾语
attributive	Attrib.	dìngyǔ	定语
complement	Comple.	bǔyǔ	补语
adverbial	Adverbial	zhuàngyǔ	状语
verb plus object	V. O.	dòngbīnshì líhécí	动宾式离合词

People in the Text

We have already met the following people in Volume One, Two and Three:

Gāo Yīfēi 高一飞
male, Chinese

Mǎdīng 马丁
male, Australian, Li Xiaoyu's husband

Jiékè 杰克
male, Canadian

Lǐ Xiǎoyǔ 李小雨
female, Chinese

We will meet a few new friends in Volume Four:

Liú Tiānmíng 刘天明
Chinese, male, over 40 years old, college teacher

Lǐ Wěi 李伟
Chinese, male, boss of a private company, over 40 years old, Liu Tianming's college classmate

Zhào Xuédōng 赵学东
Chinese, male, over 40 years old, college classmate of Liu Tianming and Li Wei. He changes jobs frequently.

Zhāng Tiān 张天
Chinese, postgraduate student, classmate of Gao Yifei, older brother of Xiao Zhang

Zhào Míng 赵明
principal of a primary school in Shanghai

Zhāng dàmā 张大妈
old Beijing lady, over 70 years old

Liú nǎinai 刘奶奶
old Beijing lady, over 80 years old

Wǔ Xiǎowén 吴晓文
female, 38 years old, pregnant

Zhōu Sīlì 周思丽
female, 41 years old, pregnant

Shuǐxiù 水秀
female, girlfriend of Gao Yifei

Wàn Xiǎoshān 万小山
male, about 30 years old. After having left his hometown in the countryside and working in the city for several years, he went back to the countryside.

Mùlù 目录 Contents

Unit 1
Gōngzuò de yìyì
工作 的意义 001
Meaning of Work

    Gànmá hái nàme pīnmìng?
    干吗 还 那么 拼命? 005

    Nǐ wèi shénme gōngzuò?
    你 为 什么 工作? 007

    Word practice 010

Unit 2
Rén de wèntí
人 的 问题 013
Human Problem

    Wǒ zhēn xiǎng cízhí
    我 真 想 辞职 017

    Rén de wèntí
    人 的 问题 019

    Word practice 022

Unit 3
Shàng yǒu lǎo xià yǒu xiǎo
上 有 老 下 有 小 025
The Sandwich Generation

    Shízài méi bànfǎ
    实在 没 办法 029

    Zuìhòu yì bān lièchē
    最后 一 班 列车 032

    Word practice 034

Unit 4
Xīwàng
希望 038
Hope

Chéng li De "xīwàng xiǎoxué"
城里的"希望小学" ········· 042

Lǎoshī yǒuqǐng
老师有请 ············· 045

Word practice ············ 047

Unit 5

Zhòngjiǎng
中奖 ················ 051

Winning the Lottery

Wǔ-yāo-bā, wǒ yào fā
518,我要发 ············ 055

"Báirìmèng"
"白日梦" ·············· 057

Word practice ············ 060

Unit 6

Shuāng tǎ duìhuà
双塔对话 ············· 063

A Dialogue Between Two Towers

Shuāng tǎ duìhuà
双塔对话 ············ 067

Word practice ············ 070

Unit 7

Wǎng shàng wǎng xià
网上网下 ············· 074

Online, Offline

Qiānwàn bié jiànmiàn
千万别见面 ············ 078

Wǎngchóng
网虫 ················ 081

Word practice ············ 084

Unit 8

Nánnǚ píngděng
男女平等 087
Gender Equality

    Wǒ zuò fàn nǐ xǐ wǎn
    我做饭你洗碗 091

    Zuò nǚrén nán háishi zuò nánrén nán?
    做女人难还是做男人难？ 094

    Word practice 097

Unit 9

Dīngkè yì zú
丁克一族 100
DINK Family

    Nǐ zěnme yě huíxīn-zhuǎnyì le?
    你怎么也回心转意了？ 104

    Dīngkè zú de zhuǎnbiàn
    丁克族的转变 107

    Word practice 109

Unit 10

Jiǎnjiǎndāndān
简简单单 113
Simple Is Best

    Chīsù
    吃素 117

    Huíjiā
    回家 120

    Word practice 122

Unit 11

Shēng yǔ sǐ
生与死 125
Life and Death

    "Ānlèsǐ" háishi "ānlèhuó"?
    "安乐死"还是"安乐活"？ 129

    Sǐ de quánlì
    死的权利 132

Word practice ··· 135

Unit 12

Rùxiāng-suísú
入 乡 随俗 ··· 138
When in Rome

Rùxiāng-suísú
入乡随俗 ··· 142

Word practice ··· 145

Cíyǔ suǒyǐn
词语索引
Index of Vocabulary ··· 148

Unit 1

Gōngzuò de yìyì
工作 的 意义
Meaning of Work

学习目标
Learning objectives

* 谈论工作的意义

  Talking about the meaning of work

* 报告调查统计结果

  Reporting results of a survey

* 了解中国人吃苦耐劳的传统

  Getting to know about the tradition of hard work amongst the Chinese people

* 学习相关词语和表达方式

  Learning related words and expressions

热身 Rèshēn **Warm up**

看下面的图片，说说他们的工作目的。
Look at the following pictures and talk about the aim of their work.

如果有一个赚钱多但比较辛苦的工作，你愿意干吗？为什么？
If there is a well-paid but demanding job, are you willing to take it? Why?

 词语 Cíyǔ **Words and Expressions**

Text 1

1.	意义	(N.)	yìyì	meaning
2.	加班	(V.)	jiābān	work overtime or extra shifts
3.	周末	(TW)	zhōumò	weekend
4.	干吗	(QW)	gànmá	why
5.	拼命	(V)	pīnmìng	work desperately; exert one's utmost
6.	连锁店	(N.)	liánsuǒdiàn	a chain store
7.	享受	(V.)	xiǎngshòu	enjoy
8.	倒是	(Adv.)	dàoshì	actually; on the contrary; would like to..., but
	倒	(Adv.)	dào	on the contrary; instead
9.	炒鱿鱼		chǎo yóuyú	fire or discharge sb. from a job
10.	确实	(Adv.)	quèshí	indeed, truly, really
11.	收入	(N.)	shōurù	income, earning, salary
12.	工资	(N.)	gōngzī	wage, pay
13.	不用	(V.)	búyòng	have no need to; it's not necessary
14.	不同	(Adj.)	bùtóng	different

Text 2

15.	答案	(N.)	dá'àn	answer
16.	调查	(V.& N.)	diàochá	survey
17.	中心	(N.)	zhōngxīn	center
18.	曾	(Adv.)	céng	once
19.	进行	(V.)	jìnxíng	carry out; conduct; engage in
20.	其	(Pron.)	qí	its, his, her, their (classical Chinese third person possessive pronoun)
21.	居民	(N.)	jūmín	resident
22.	增加	(V.)	zēngjiā	increase

23.	发挥	(V.)	fāhuī	bring sth. into full play; develop sth. to its fullest potential
24.	能力	(N.)	nénglì	ability, capability
25.	贡献	(V.& N.)	gòngxiàn	contribute; contribution
26.	服务	(V.& N.)	fúwù	serve; service
27.	首都	(N.)	shǒudū	capital
28.	选择	(V.& N.)	xuǎnzé	choose; choice
29.	受	(V.)	shòu	receive, accept
30.	影响	(V.& N.)	yǐngxiǎng	affect, influence; effect, influence
31.	比例	(N.)	bǐlì	proportion, ratio, scale
32.	意识	(V.& N.)	yìshí	be conscious
33.	强	(Adj.)	qiáng	strong
34.	看来	(V.)	kànlái	it seems/appears that; it looks as if
35.	商品	(N.)	shāngpǐn	commodity, merchandise; commercial goods
36.	-化		-huà	(suffix, similar to -ize, -ify)
37.	金钱	(N.)	jīnqián	money

Proper noun

38.	广州		Guǎngzhōu	Guangzhou

用本课的生词填空
Fill in the blanks with the words and expressions in this text.

1. 周末别人都休息，可是她还要_____。
2. 麦当劳在中国已经有 2000 多家_____。
3. 放假了，好好_____跟家人在一起的时间吧！
4. 你们家这么有钱，你_____还要拼命工作呢？
5. 工资跟收入_____，工资只是收入的一部分。
6. 想知道问题的答案，必须要去进行认真的_____。
7. 工作的意义不只是增加自己的收入，也是为社会做_____。
8. 中国的年轻人选择做什么工作，往往会_____父母的影响。
9. 独生子女家庭在城市居民中的_____高于农村人口。
10. 他这么有钱，却生活得不幸福，看来_____并不是万能的。

课文一 Kèwén Yī Text 1

干吗还那么拼命?

（在茶馆，刘天明、李伟、赵学东三个老同学一起喝茶、聊天）

刘天明：明天是星期六，一起去南京玩玩儿，怎么样？

李　伟：不行啊，我明天还得加班。

刘天明：周末还加什么班？你已经是大老板了，干吗还那么拼命？

> This literally means "What (is sb.) doing?" It can also be used to inquire about the reason of an action.

李　伟：我准备再开一家连锁店。

刘天明：还要开一家？我看你真是要钱不要命。你太不会享受生活了。你呢，老赵，你也加班？

赵学东：我倒是想加班，可没地方加。

刘天明：怎么啦，又被老板炒鱿鱼了？

赵学东：不，这次不是老板炒我，是我炒了老板。

刘天明：你不是挺喜欢那个工作吗？再说，你的工作也很有意思呀。

赵学东：喜欢是喜欢，工作也确实很有意思，可是收入太低了。老刘，你为什么老是待在学校里，我真弄不明白，你们老师的工资不高啊。

李　伟：是呀，到我的公司来吧，我让你去新开的连锁店当经理，<u>工资肯定比你现在高</u>。

> This sentence means "The salary I will give you will certainly be higher than the salary you are earning now." In a comparative sentence, one or two repetitive parts may be omitted.

刘天明：谢谢，不用了，我的想法和你们不同。

李　伟：怎么不同？

刘天明：我对当经理不感兴趣，我认为还是当老师好。

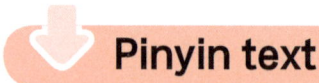 Pinyin text

Gànmá hái nàme pīnmìng?

(zài cháguǎn, Liú Tiānmíng, Lǐ Wěi, Zhào Xuédōng sān gè lǎo tóngxué yìqǐ hē chá, liáotiān)

Liú Tiānmíng:　Míngtiān shì xīngqīliù, yìqǐ qù Nánjīng wánwanr, zěnmeyàng?
Lǐ Wěi:　Bùxíng a, wǒ míngtiān hái děi jiābān.
Liú Tiānmíng:　Zhōumò hái jiā shénme bān? Nǐ yǐjīng shì dà lǎobǎn le, gànmá hái nàme pīnmìng?
Lǐ Wěi:　Wǒ zhǔnbèi zài kāi yì jiā liánsuǒdiàn.
Liú Tiānmíng:　Hái yào kāi yì jiā? Wǒ kàn nǐ zhēn shì yào qián bú yào mìng. Nǐ tài bú huì xiǎngshòu shēnghuó le. Nǐ ne, Lǎo Zhào, nǐ yě jiābān?
Zhào Xuédōng:　Wǒ dàoshì xiǎng jiābān, kě méi dìfang jiā.
Liú Tiānmíng:　Zěnme la, yòu bèi lǎobǎn chǎo yóuyú le?
Zhào Xuédōng:　Bù, zhè cì bú shì lǎobǎn chǎo wǒ, shì wǒ chǎole lǎobǎn.

Liú Tiānmíng:	Nǐ bú shì tǐng xǐhuan nàge gōngzuò ma? Zàishuō, nǐ de gōngzuò yě hěn yǒu yìsi ya.
Zhào Xuédōng:	Xǐhuan shì xǐhuan, gōngzuò yě quèshí hěn yǒu yìsi, kěshì shōurù tài dī le. Lǎo Liú, nǐ wèi shénme lǎo shì dāi zài xuéxiào li, wǒ zhēn nòng bu míngbai, nǐmen lǎoshī de gōngzī bù gāo a.
Lǐ Wěi:	Shì ya, dào wǒ de gōngsī lái ba, wǒ ràng nǐ qù xīn kāi de liánsuǒdiàn dāng jīnglǐ, gōngzī kěndìng bǐ nǐ xiànzài gāo.
Liú Tiānmíng:	Xièxie, búyòng le, wǒ de xiǎngfa hé nǐmen bùtóng.
Lǐ Wěi:	Zěnme bùtóng?
Liú Tiānmíng:	Wǒ duì dāng jīnglǐ bù gǎn xìngqù, wǒ rènwéi háishi dāng lǎoshī hǎo.

根据课文回答问题
Answer questions according to the text.

1. 李伟明天能不能去南京玩儿？为什么？
2. 赵学东明天加班不加班？为什么？
3. 赵学东有没有被老板炒鱿鱼？
4. 赵学东喜欢不喜欢自己的工作？
5. 赵学东为什么要把老板给炒了？
6. 刘天明是干什么工作的？
7. 刘天明的工资高不高？他喜欢不喜欢自己的工作？

根据课文填空
Fill in the blanks according to the text.

刘天明、李伟和赵学东他们三个是_____同学。刘天明在学校工作。李伟是一个_____老板。赵学东刚把老板_____了鱿鱼，因为他觉得_____太低了。现在李伟要再开一家_____，想请刘天明去当经理，不过，刘天明对当经理_____。他觉得，虽然老师的_____没有经理_____，但是工作自由，生活开心，不能只想着钱。

课文二 Kèwén Èr Text 2

你为什么工作？

你为什么工作？有人说为了生活，不工作就没有收入；也有人说不为什么，人就应该工作。那你为什么努力工作？这个问题的答案就多了。

复旦大学市场调查中心曾在北京、上海、广州这三个城市进行了一次调查，其结果是：35.7%的城市居民努力工作是为了增加工资收入；18.1%的人努力工作是为了发挥自己的能力；7.7%的人努力工作是因为对自己的工作感兴趣；5.6%的人努力工作是为了给国家多做贡献；4.8%的人努力工作是为了自己能当老板；只有3.3%的人是为了给更多的人服务；还有24.8%的人没有选择。

北京是中国的首都。三个城市中，北京选择为国家多做贡献的人最多，选择为了增加收入的人最少，选择为别人服务的人也是最少的。

上海是中国受西方影响最大的城市，选择为增加收入而努力工作的人比例最高，但是，选择为自己能当老板而努力工作的人比例却最低。

跟上海一样，广州人选择为增加收入而努力工作的比例也是最高的。广州是中国南方最有影响的城市之一，也是<u>改革开放</u>最早的城市之一，广州人的市场意识比中国别的地方的人都强。选择为自己当老板而努力工作的广州人是三个城市中比例最高的，选择为自己的兴趣而努力工作的广州人在三个城市中比例最低。看来，在一个商品化的城市里，金钱比兴趣重要得多。

> Reform and opening-up is a policy carried out by China beginning in 1978 to initiate domestic reform and opening-up to the outside world. It promotes the Chinese market economic reform and the development of foreign trade. The two southern provinces, Guangdong and Fujian, were the vanguard when carrying out the policy.

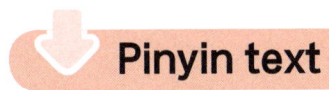 **Pinyin text**

Nǐ wèi shénme gōngzuò?

Nǐ wèi shénme gōngzuò? Yǒu rén shuō wèile shēnghuó, bù gōngzuò jiù méiyǒu shōurù; yě yǒu rén shuō bú wèi shénme, rén jiù yīnggāi gōngzuò. Nà nǐ wèi shénme nǔlì gōngzuò? Zhège wèntí de dá'àn jiù duō le.

Fùdàn Dàxué Shìchǎng Diàochá Zhōngxīn céng zài Běijīng, Shànghǎi, Guǎngzhōu zhè sān gè chéngshì jìnxíngle yí cì diàochá, qí jiéguǒ shì: 35.7% de chéngshì jūmín nǔlì gōngzuò shì wèile zēngjiā gōngzī shōurù; 18.1% de rén nǔlì gōngzuò shì wèile fāhuī zìjǐ de nénglì; 7.7% de rén nǔlì gōngzuò shì yīnwèi duì zìjǐ de gōngzuò gǎn xìngqù; 5.6% de rén nǔlì gōngzuò shì wèile gěi guójiā duō zuò gòngxiàn; 4.8% de rén nǔlì gōngzuò shì wèile zìjǐ néng dāng lǎobǎn; zhǐyǒu 3.3% de rén shì wèile gěi gèng duō de rén fúwù; hái yǒu 24.8% de rén méiyǒu xuǎnzé.

Běijīng shì Zhōngguó de shǒudū. Sān gè chéngshì zhōng, Běijīng xuǎnzé wèi guójiā duō zuò gòngxiàn de rén zuì duō, xuǎnzé wèile zēngjiā shōurù de rén zuì shǎo, xuǎnzé wèi biérén fúwù de rén yě shì zuì shǎo de.

Shànghǎi shì Zhōngguó shòu Xīfāng yǐngxiǎng zuì dà de chéngshì, xuǎnzé wèi zēngjiā shōurù ér nǔlì gōngzuò de rén bǐlì zuì gāo, dànshì, xuǎnzé wèi zìjǐ néng dāng lǎobǎn ér nǔlì gōngzuò de rén bǐlì què zuì dī.

Gēn Shànghǎi yíyàng, Guǎngzhōurén xuǎnzé wèi zēngjiā shōurù ér nǔlì gōngzuò de bǐlì yě shì zuì gāo de. Guǎngzhōu shì Zhōngguó nánfāng zuì yǒu yǐngxiǎng de chéngshì zhī yī, yě shì gǎigé kāifàng zuì zǎo de chéngshì zhī yī, Guǎngzhōurén de shìchǎng yìshi bǐ Zhōngguó biéde dìfang de rén dōu qiáng. Xuǎnzé wèi zìjǐ dāng lǎobǎn ér nǔlì gōngzuò de Guǎngzhōurén shì sān gè chéngshì zhōng bǐlì zuì gāo de, xuǎnzé wèi zìjǐ de xìngqù ér nǔlì gōngzuò de Guǎngzhōurén zài sān gè chéngshì zhōng bǐlì zuì dī. Kànlái, zài yí gè shāngpǐnhuà de chéngshì li, jīnqián bǐ xìngqù zhòngyào de duō.

根据课文回答问题
Answer questions according to the text.
1. 谁在什么地方进行了一次关于"为什么工作"这一问题的调查?
2. 根据调查,大多数人都是为什么工作?
3. 选择为更多人服务的人多不多?
4. 选择为国家多做贡献的人最多的城市是哪一个?
5. 上海选择为什么工作的人最多?

6. 哪个城市人的市场意识最强？
7. 哪个城市选择为自己的兴趣而努力工作的人最少？
8. 哪个城市受西方的影响最大？
9. 哪个城市选择为自己当老板而努力工作的人最多？

 根据课文内容，看右边的图，复述课文内容：
Retell the survey according to the text and the chart on the right.

这是一项关于……的调查，
调查是……做的，
调查在……进行，
调查结果显示……，
另外，还有……的人没有选择。

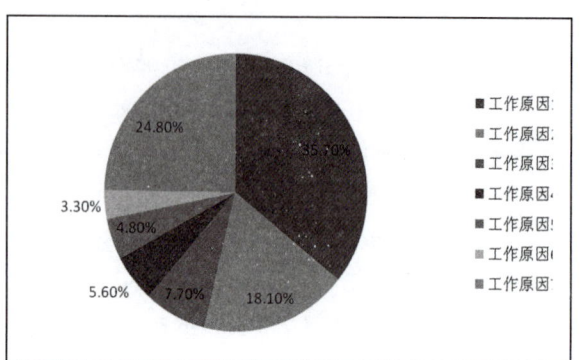

词语学习 Cíyǔ xuéxí Word practice

❉ 倒（是）

Adverb: actually, on the contrary, (...would like to...)
1. 我倒是想加班，可没地方加。
2. 东西倒是不错，就是太贵了。
3. 房子虽然不太大，倒是很漂亮。
4. 姐姐倒比妹妹还显得年轻。
5. 你说得倒容易，你自己试试看。

❉ 有（影响）

"有 +certain nouns" (usually abstract noun) may form an adjective phrase, and the negative form of this is "没 + noun".

有名 / 没名；有钱 / 没钱；有劲 / 没劲；有理 / 没理；
有水平 / 没水平；有意思 / 没意思；有能力 / 没能力；有经验 / 没经验；
有志气 / 没志气；有好处 / 没好处；有兴趣 / 没兴趣；有希望 / 没希望；
有知识 / 没知识；有文化 / 没文化；有感情 / 没感情

1. 广州是中国南方最有影响的城市之一。
2. 他在这方面很有经验。
3. 吃得太多对健康没什么好处。
4. 你这样说，真是太没意思了！

确实

Adverb: indeed, really

1. 这个工作确实很有意思。
2. 这本书确实不错。
3. 确实，这个工作很有意思。
4. 最近他确确实实进步很快。

Adjective: true, reliable

5. 现在还没有得到确实的消息。
6. 这个消息确实吗?

进行

Verb: be in progress; carry out (an action); to conduct; engage in

1. 复旦大学市场调查中心曾在北京、上海、广州这三个城市进行了一次调查。
2. 我们对老师提出的问题进行了热烈的讨论。
3. 我又把他们进行了一次比较，发现他们的确不一样。
4. 会议正在进行。
5. 工作进行得很顺利。
6. 两国领导人在北京进行了正式会谈。

增加

Verb: to increase, to add (to)

1. 努力工作是为了增加工资收入。
2. 我们学校的留学生增加了很多。
3. 会说汉语能给今后找工作增加一些机会。
4. 这家饭店最近又增加了不少新的特色菜。

受

Verb: to receive, to accept; to stand, to endure

1. 上海是中国受西方影响最大的城市。
2. 王老师的课很受欢迎。
3. 这首歌很受年轻人的欢迎。
4. 这么热的天气，又没有空调，我真受不了了。

意识

Noun: consciousness, sense

1. 广州人的市场意识比中国别的地方的人都强。
2. 我们都应该有为别人服务的意识。

Verb: to realize; be conscious of (aware)

3. 她已经意识到了那个问题的确很严重。
4. 看他们的样子，我们意识到一定发生了什么大事。
5. 春天已经来了，她却一点儿也没意识到。
6. 他还太小，意识不到这个问题有多严重。

❀ －化 Suffix: -ize; -ify

商品化 / 中国化 / 工业化 / 城市化
美化环境 / 简化汉字 / 绿化校园 / 净化空气

1. 在一个商品化的城市里，金钱比兴趣重要得多。
2. 上海是一个现代化的大都市。

用括号里的词语完成句子。
Complete the sentences with the given words.

1. 大学生足球队和国家足球队上周 _____（进行……比赛）
2. _____，空气质量正变得越来越差。（受……影响）
3. 这几年，虽然经济发展很快，可是居民的收入 _____（增加）
4. 有些人过马路不看红绿灯，完全没有 _____（意识）。
5. 她的能力 _____，你请他当经理是请对了。（确实）
6. 做市场调查，他们 _____，你应该多向他们请教。（经验）

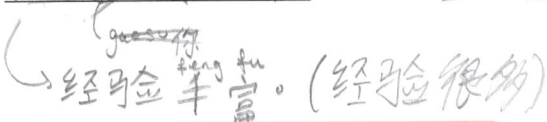

文化点 Wénhuàdiǎn Cultural notes

The Hardworking Chinese

When speaking of the Chinese nation's personality, diligence is what first comes to mind. People can be seen going to work and school at the crack of dawn. Shops run by Chinese people even open on weekends and holidays. The industriousness is an excellent quality of the Chinese people. Such an attitude comes from the historical tradition of the Chinese nation, and also from the fierce competition of the modern society. Most areas in China have remained agricultural for thousands of years, which demands people work hard in the fields along with the changing seasons, and which accommodates no laziness. Furthermore, contemporary China is faced with the realistic and historical problems of long-term poverty, overwhelming population and the shortage of resources. Therefore, the reform and opening-up policy has given the people a golden opportunity to get rich and stimulated them to change their life through hard work.

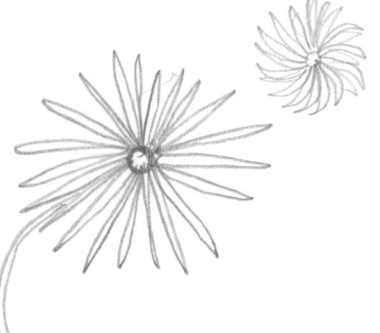

Unit 2

Rén de wèntí
人 的 问题
Human Problem

学习目标
Learning objectives

* 谈论职场中的人际关系

    Talking about workplace relationships

* 表示强调和否定

    Expressing emphasis and negation

* 了解中国人的"人情"观

    Understanding the Chinese philosophy of "human relationships"

* 学习相关词汇和表达方式

    Learning related words and expressions

热身 Rèshēn Warm up

💬 复杂的人际关系：人际关系是人和人之间的关系，有的亲密，有的不那么亲密。把下面这些人，根据亲密程度，放入社会关系圈子中。
Complicated interpersonal relationship: Interpersonal relationship refers to the relationships between people; some are intimate, some are not. Put the following people into a proper circle of social relation according to their extent of intimacy.

家人 亲戚 朋友 同事 领导 同学 领导 老师

💬 讨论：有两个员工，一个和你关系很好，一个能力很强。如果你是老板，必须要辞掉一个，你会辞掉哪一个？为什么？
Discussion: There are two employees, one is close to you, and the other is very competent. If you are the boss, and have to fire one of them, which would you choose? Why?

词语 Cíyǔ Words and Expressions

Text 1

1.	辞职	(V.)	cízhí	quit one's job; resign
2.	以为	(V.)	yǐwéi	think, believe, consider
3.	失望	(V.)	shīwàng	lose hope; be disappointed
4.	官	(N.)	guān	government official
5.	如何	(QW)	rúhé	how, what
6.	校长	(N.)	xiàozhǎng	headmaster; principal (primary or secondary school); president (college or university)
7.	……得很		…de hěn	(complement of degree, meaning "very"; always placed after a verb or an adjective)
8.	最近	(TW)	zuìjìn	recently, lately
9.	单位	(N.)	dānwèi	workplace
10.	改革	(V.& N.)	gǎigé	reform
11.	行政	(N.)	xíngzhèng	administration
12.	人员	(N.)	rényuán	personnel, staff
13.	解雇	(V.)	jiěgù	dismiss, fire
14.	由	(Prep.)	yóu	by
15.	理	(V.)	lǐ	pay attention to
16.	同事	(N.)	tóngshì	colleague; fellow worker
17.	说情		shuōqíng	advocate mercy for sb.; intercede for sb.
18.	面子	(N.)	miànzi	respect, dignity, "face"
19.	得罪	(V.)	dézuì	offend, displease
20.	处理	(V. & N.)	chǔlǐ	deal with; manage; management
21.	-际		-jì	inter-; between, among

Text 2

22.	布置	(V.& N.)	bùzhì	assign
23.	许多	(Adj.)	xǔduō	many

裁员 cái yuán make redundant (lay off)

24.	那样	(Pron.)	nàyàng	like that; such
25.	杂志	(N.)	zázhì	magazine
26.	页	(MW)	yè	page
27.	正好	(Adv.)	zhènghǎo	incidentally
28.	撕	(V.)	sī	tear, rip
29.	碎片	(N.)	suìpiàn	pieces, shreds
30.	拼	(V.)	pīn	piece together
31.	起来	(DV)	qǐlái	(Placed after a verb, it indicates an upward direction, commencement or the completion of an action. Placed after an adjective, it indicates a changing state or situation.)
32.	出难题		chū nántí	set or pose a difficult question
33.	幼儿园	(N.)	yòu'éryuán	kindergarten
34.	破碎	(V.)	pòsuì	break, tatter
35.	惊讶	(Adj.)	jīngyà	surprised, amazed, astounded
36.	反面	(LW)	fǎnmiàn	the reverse side; flip side
37.	明星	(N.)	míngxīng	(movie) star
38.	当	(Prep.)	dāng	when; at the time
39.	轻而易举		qīng'éryìjǔ	(sth.) easy to do/easily done
40.	解决	(V.)	jiějué	solve

◉ **用本课的生词填空**

Fill in the blanks with the new words or expressions in this text.

1. 这么简单的事情，你都办不好，实在让我_____。
2. 工资太低，她决定_____不干了。
3. 你是哪个_____的？你们领导叫什么名字？
4. 公司搞改革，有一些行政_____被解雇了。
5. 无论是谁来说情，他都不给_____，因此得罪了不少人。
6. 这是领导给我_____的新任务，必须在三天内完成。
7. 孩子把杂志的第一页_____成碎片了。
8. 你给我打电话的时候，我_____在开车，就没理电话。
9. 这么多问题，哪是轻而易举就能_____的。
10. 当你_____没有问题的时候，问题就来了。

课文一 Kèwén Yī Text 1

我真想辞职

（在飞机上，刘天明、李伟两个老同学、老朋友见面了）

李　伟：天明！

刘天明：是李伟呀，你好，你好！

李　伟：你好，我还以为旁边会坐着位美女呢，没想到是你。

刘天明：让你失望了吧。

李　伟：<u>哪儿的话</u>。你回国以后我们就见过一次，那是很久以前的事了。听说你当官了，感觉如何？

> This phrase expresses disagreement with a statement just made in a conversation. It means "not at all" or "nonsense". It may be substituted by 什么话.

刘天明：校长算什么官啊，头疼得很！

李　伟：怎么回事？

刘天明：最近单位在搞改革，行政人员太多了，得解雇一些人。难哪!

李　伟:这有什么难?解雇谁还不是由你决定?你说让谁走人,谁就得走人。

刘天明:我们跟你们不一样。你是老板,自己的公司,想炒谁的鱿鱼就炒谁的鱿鱼。我们学校不行。今天这个来找,明天那个来找,都不想走。

> This is a rhetorical question. It means that there will not be any problems if you do not pay attention to them.

李　伟:<u>你别理他们不就完了</u>?

> These words refer to friends, classmates, superiors, or colleagues who have known each other, or who have worked together for a long time.

刘天明:不理怎么行?<u>老同学、老领导、老同事</u>、亲戚朋友都来说情,能不给面子吗?

李　伟:那倒也是。这是件得罪人的事。

刘天明:是啊,处理人际关系比搞专业难多了。我真想辞职。

Pinyin text

Wǒ zhēn xiǎng cízhí

(zài fēijī shàng, Liú Tiānmíng, Lǐ Wěi liǎng gè lǎo tóngxué, lǎo péngyou jiànmiàn le)

Lǐ Wěi: Tiānmíng!
Liú Tiānmíng: Shì Lǐ Wěi ya, nǐ hǎo, nǐ hǎo!
Lǐ Wěi: Nǐ hǎo, wǒ hái yǐwéi pángbiān huì zuòzhe wèi měinǚ ne, méi xiǎngdào shì nǐ.
Liú Tiānmíng: Ràng nǐ shīwàng le ba.
Lǐ Wěi: Nǎr de huà. Nǐ huíguó yǐhòu wǒmen jiù jiànguo yí cì, nà shì hěn jiǔ yǐqián de shì le. Tīngshuō nǐ dāng guān le, gǎnjué rúhé?
Liú Tiānmíng: Xiàozhǎng suàn shénme guān a, tóu téng de hěn!
Lǐ Wěi: Zěnme huí shì?
Liú Tiānmíng: Zuìjìn dānwèi zài gǎo gǎigé, xíngzhèng rényuán tài duō le, děi jiěgù yìxiē rén. Nán nǎ!
Lǐ Wěi: Zhè yǒu shénme nán? Jiěgù shuí hái bú shì yóu nǐ juédìng? Nǐ shuō ràng shuí zǒurén, shuí jiù děi zǒurén.

Liú Tiānmíng:	Wǒmen gēn nǐmen bù yíyàng. Nǐ shì lǎobǎn, zìjǐ de gōngsī, xiǎng chǎo shuí de yóuyú jiù chǎo shuí de yóuyú. Wǒmen xuéxiào bùxíng. Jīntiān zhège lái zhǎo, míngtiān nàge lái zhǎo, dōu bù xiǎng zǒu.
Lǐ Wěi:	Nǐ bié lǐ tāmen bú jiù wán le?
Liú Tiānmíng:	Bùlǐ zěnme xíng? Lǎo tóngxué, lǎo lǐngdǎo, lǎo tóngshì, qīnqi péngyou dōu lái shuōqíng, néng bù gěi miànzi ma?
Lǐ Wěi:	Nà dào yě shì. Zhè shì jiàn dézuì rén de shì.
Liú Tiānmíng:	Shì a, chǔlǐ rénjì guānxi bǐ gǎo zhuānyè nán duō le. Wǒ zhēn xiǎng cízhí.

根据课文回答问题
Answer questions according to the text.

1. 李伟旁边坐着的是一位美女吗?
2. 刘天明回国以后和李伟见过几次面?
3. 刘天明当官了吗?他当的是什么官儿?
4. 刘天明为什么说他头疼?
5. 刘天明的单位最近在干什么?
6. 刘天明能不能想炒谁的鱿鱼就炒谁的鱿鱼?
7. 李伟是干什么工作的?
8. 刘天明认为处理人际关系难还是搞专业难?

根据课文填空
Fill in the blanks according to the text.

刘天明和李伟是_____没见的老同学,没想到在飞机上遇见了。刘天明现在是一个学校的_____,最近学校在搞_____,得_____一些人,刘天明正为这件事儿头疼呢。学校跟公司_____。公司老板想炒谁的鱿鱼_____炒谁的鱿鱼。可是在学校,_____关系很难处理,谁也不想走,亲戚朋友都来_____,总得给点面子,要不然就要_____人。

课文二 Kèwén Èr Text 2

人的问题

有位父亲,在一家公司工作。老板每天都要给他布置许多任务。白天做不完,晚上回到家里还要加班。他常常说:我真想辞职!但是,他并没有那样做。

一天晚上,吃完饭以后,他像平时一样开始加班。他三岁的女儿走过来,非要爸爸陪她玩不可。爸爸没办法,忽然看到桌子上放着一本过了期的杂志,打开的那一页正好是一张世界地图,于是,他就把地图撕成小碎片,交给女儿,说:"孩子,你去把这张世界地图拼起来,如果拼得对,我就陪你玩。"

> This means "demand or insist that her father play with her." 非...不可 is a double negative construction. It denotes a confirmation, meaning "must, have to."

这位父亲本来想给女儿出难题,因为他知道女儿才三岁,刚上幼儿园,不可能知道世界地图是怎么回事。但是,只过了一会儿,女儿就把一张破碎的世界地图拼好了。他很惊讶,就问女儿:

"幼儿园老师教过你怎么拼世界地图吗?"

"没有。"

"那你是怎么拼的?"

女儿笑着说:"你看看反面,像不像妈妈?"

原来,世界地图的反面是一个电影明星的照片。小女孩儿看到的是人,不是世界地图。当她把照片拼好以后,问题当然也就轻而易举地解决了。

其实,世界上很多问题都是人的问题,人的问题解决了,别的问题也就好办多了。

Rén de wèntí

Yǒu wèi fùqin, zài yì jiā gōngsī gōngzuò. Lǎobǎn měi tiān dōu yào gěi tā bùzhì xǔduō rènwu. Báitiān zuò bù wán, wǎnshang huídào jiā li hái yào jiābān. Tā chángcháng shuō: Wǒ zhēn xiǎng cízhí! Dànshì, tā bìng méiyǒu nàyàng zuò.

Yì tiān wǎnshang, chīwán fàn yǐhòu, tā xiàng píngshí yíyàng kāishǐ jiābān. Tā sān suì de nǚ'ér zǒu guòlai, fēi yào bàba péi tā wán bùkě. Bàba méi bànfǎ, hūrán kàndào zhuōzi shang fàngzhe yì běn guòle qī de zázhì, dǎkāi de nà yí yè zhènghǎo shì yì zhāng shìjiè dìtú, yúshì, tā jiù bǎ dìtú sī chéng xiǎo suìpiàn, jiāo gěi nǚ'ér, shuō: "Háizi, nǐ qù bǎ zhè zhāng shìjiè dìtú pīn qǐlai, rúguǒ pīn de duì, wǒ jiù péi nǐ wán."

Zhè wèi fùqin běnlái xiǎng gěi nǚ'ér chū nántí, yīnwèi tā zhīdao nǚ'ér cái sān suì, gāng shàng yòu'éryuán, bù kěnéng zhīdao shìjiè dìtú shì zěnme huí shì. Dànshì, zhǐ guòle yíhuìr, nǚ'ér jiù bǎ yì zhāng pòsuì de shìjiè dìtú pīn hǎo le. Tā hěn jīngyà, jiù wèn nǚ'ér:

"Yòu'éryuán lǎoshī jiāoguo nǐ zěnme pīn shìjiè dìtú ma?"

"Méiyǒu."

"Nà nǐ shì zěnme pīn de?"

Nǚ'ér xiàozhe shuō: "Nǐ kànkan fǎnmiàn, xiàng bu xiàng māma?"

Yuánlái, shìjiè dìtú de fǎnmiàn shì yí gè diànyǐng míngxīng de zhàopiàn. Xiǎo nǚhái kàndào de shì rén, bú shì shìjiè dìtú. Dāng tā bǎ zhàopiàn pīnhǎo yǐhòu, wèntí dāngrán yě jiù qīng'éryìjǔ de jiějué le.

Qíshí, shìjiè shang hěn duō wèntí dōu shì rén de wèntí, rén de wèntí jiějué le, biéde wèntí yě jiù hǎo bàn duō le.

根据课文回答问题

Answer questions according to the text.

1. 这位父亲在哪儿工作? 一家公司。
2. 他工作忙不忙? 忙。
3. 女儿几岁了? 她想要爸爸干什么? 女儿三岁。要爸爸陪她玩。
4. 父亲把什么撕成了小碎片? 他让女儿干什么? 一个地图。要女儿"把这张世界地图撕成小碎片。
5. 幼儿园的老师有没有教过拼世界地图?
6. 地图的反面是什么? 明星的照片。
7. 女儿有没有把地图拼起来? 她是怎么拼的? 女儿拼起来，因为看一个明星的照片。

辞职 cí zhí resigned

❂ 复述本课故事

Retell the story of the text.

 词语学习 Cíyǔ xuéxí Word practice

❀ 以为

Verb: 以为 often refers to an incorrect judgment, while 认为 indicates an opinion.
1. 你怎么现在才来？我以为你不会来了呢。
2. 我还以为旁边会坐着一位漂亮小姐呢，没想到是你。

Compare：
3. 我认为他一定会来的。(他可能会来。)
4. 我以为他会来呢。(他并没有来。)

❀ 失望

Verb: be disappointed; lose hope
1. 让你失望了吧。
2. 一次又一次地失败以后，他终于失望了。
3. 你这次考试又没及格，我觉得很失望。
4. 你昨天没去，他们都很失望。

❀ ……得很

This is a complement of degree. It means "very" and is always placed after a verb or an adjective.
1. 头疼得很！
2. 漂亮得很！
3. 清楚得很！
4. 喜欢得很！
5. 想念得很！
6. 这件事啊，他满意得很！

❀ 理

Verb: pay attention to; show interest in; pay heed to. It is usually used in a negative construction, and rarely in an affirmative sentence.
1. 你别理他们不就完了？
2. 不理怎么行？
3. 别理我，我很难过。
4. 你不理我，我还不想理你呢。
5. 他不是好人，我们都不要理他。

同 –

Prefix: same, similar, alike

同事 / 同学 / 同屋 / 同桌 / 同窗 / 同伴 / 同班 / 同行（háng）/ 同乡 / 同志
1. 老领导、老同事，亲戚朋友都来说情，能不给面子吗？
2. 我的同屋很聪明，也很可爱。
3. 他是我的同乡，也是我大学时的同班同学。

– 际

Suffix: inter-, between, among

人际 / 校际 / 国际 / 市际 / 省际 / 州际
1. 处理人际关系比搞专业难多了。
2. 我哥哥在复旦大学国际交流学院学习国际关系。

起来

Verb: stand up; sit up; rise up; to arise (originate). As a directional complement, it is placed after a verb to indicate the upward direction, or the commencement, or the completion of an action. When it is placed after an adjective, it indicates a changing state or situation.
1. 他一直坐着，没起来过。
2. 你已经睡了一天了，该起来了。
3. 你去把这张世界地图拼起来。
4. 我终于想起来了。
5. 突然从桌子后面站起来一个人。
6. 她开心地笑了起来。
7. 天气慢慢暖和起来了。
8. 他们高兴得唱起歌来。
9. 这件事看起来很难办。
10. 这个东西太大，带起来不太方便。

当

Verb: work as; serve as; to be
1. 我认为还是当老师好。
2. 听说你当官了，感觉如何？
3. 你想不想当老板？

Preposition: when; at the time
4. 当她把照片拼好以后，世界地图当然也就拼好了。
5. 当你离开的时候，我一定会来送你。

改写句子
Rewrite the sentences.

1. 他俩都是三班的学生。
   _____（同 + Noun）
2. 这是一场两个学校之间的比赛。
   _____（Noun + 际）
3. 我想你不会来了，可是我错了。
   _____（以为）
4. 妻子生气了，不跟丈夫说话。
   _____（理）
5. 他在飞机上遇到了十年前的老同事，这时候，他非常惊讶。
   _____（当……的时候）

文化点 Wénhuàdiǎn Cultural notes

Renqing (Human Relationship)

Renqing refers to feelings between people. It naturally exists in human society. Under the influence of Confucianism, the Chinese people pay great attention to *renqing*.

Good *renqing* helps to form more intimate interpersonal relationships, in which friends help each other in both life and work. When we describe a person as not paying attention to *renqing*, it is usually a negative statement; it means that this person is hard to get along with.

However, *renqing* may sometimes conflict with rules and regulations, resulting in devious and manipulative practices. These corrupt practices are a problem with *renqing*. Even so, coming to know *renqing* is essential in understanding Chinese culture.

Unit 3

Shàng yǒu lǎo xià yǒu xiǎo
上 有老下有 小
The Sandwich Generation

学习目标
Learning objectives

* 谈论家庭中的代际关系

  Talking about the inter-generational relationship in the family

* 按时间顺序叙述故事

  Telling a story in chronological order

* 了解中国的家庭模式

  Getting to know the pattern of the Chinese family

* 学习相关词汇和表达方式。

  Learning related words and expressions

热身 Rèshēn Warm up

💬 每个人都有爱好，你觉得哪些更可能是老年人的爱好，哪些更可能是孩子的爱好？
Everybody has a hobby. Which of these do you think are hobbies of the elderly and which belong to the children?

跳舞　打太极拳　画画儿　唱京剧　踢球　学书法　学钢琴

💬 讨论：你小时候是跟着谁长大的？你觉得小孩子由奶奶爷爷带好，还是由爸爸妈妈带好？
Discussion: Who took care of you when you were a child? Who do you think is better suited to take care of children, the grandparents or the parents?

词语 Cíyǔ Words and Expressions

Text 1

1. 大妈 (N.) dàmā — father's elder brother's wife; one's aunt; aunt (an affectionate or respectful form of address for an elderly woman)
2. 孙子 (N.) sūnzi — grandson
3. 奶奶 (N.) nǎinai — paternal grandmother; grandma (a respectful form of address for an old woman)
4. 瞧 (V.) qiáo — look
5. 讨人喜欢 tǎo rén xǐhuan — be likeable; cute
6. 福气 (N.) fúqi — good fortune; blessing, happiness
7. 受罪 shòuzuì — endure hardship, difficulty, or affliction
8. 生 (V.) shēng — bear; give birth to
9. 俩 (Pron.) liǎ — two
10. 孙女 (N.) sūnnǚ — granddaughter
11. 管 (V.) guǎn — bother about; take care of
12. 老年 (N.) lǎonián — old age
13. 年纪 (N.) niánjì — age
14. 画 (V.) huà — paint, draw
15. 画儿 (N.) huàr — painting, picture
16. 书法 (N.) shūfǎ — calligraphy
17. 老伴儿 (N.) lǎobànr — (of an old couple) husband or wife

Text 2

18. 列车 (N.) lièchē — train
19. 除夕 (N.) chúxī — eve of the Spring Festival
20. 将 (Adv.) jiāng — will
21. 抵达 (V.) dǐdá — arrive
22. 候车室 (N.) hòuchēshì — waiting room

23. 空空荡荡	(Adj.)	kōngkōng-dàngdàng	empty
24. 显眼	(Adj.)	xiǎnyǎn	conspicuous
25. 对	(MW)	duì	pair, couple
26. 记者	(N.)	jìzhě	reporter, journalist
27. 加上	(Conj.)	jiāshàng	besides
28. 要求	(V.& N.)	yāoqiú	demand, request
29. 双方	(N.)	shuāngfāng	both sides
30. 负责	(V.& Adj.)	fùzé	be responsible for; responsible
31. 团圆	(V.&Adj.)	tuányuán	reunite; reunion
32. 挑	(V.)	tiāo	pick, choose
33. 得到	(V.)	dédào	get, obtain
34. 同意	(V.)	tóngyì	agree, approve
35. 煮	(V.)	zhǔ	cook, boil
36. 临近	(V.)	línjìn	approach
37. 午夜	(N.)	wǔyè	midnight
38. 鞭炮	(N.)	biānpào	firecracker
39. 密集	(Adj.)	mìjí	intensive, dense
40. 准点	(Adj.)	zhǔndiǎn	punctual

Proper noun

| 41. 阜阳 | (N.) | Fùyáng | (a city in Anhui Province) |

◉ **用本课的生词填空**

Fill in the blanks with the new words and expressions in this text.

1. 张大妈的儿子刚给她生了个孙子，张大妈终于当_____了。
2. 老人健康，亲人平安，孩子讨人喜欢，这是人生最大的_____。
3. 在中国，不少老年人跟着儿女一起住，替儿女_____孩子。
4. 这样的长途旅行，对于年轻人来说可能是享受，可是对于一个八十岁的老人来说，那简直就是_____。
5. 书画是老张的业余爱好，他不但画儿画得很好，_____水平也很高。
6. 列车晚点了，大家都着急地等在_____。
7. 放假了，学生们都回家了，校园里也变得_____。

8. 两辆车撞在了一起，双方都说应该是对方_____。
9. 这个记者的报道没有得到被采访人的_____。
10. 在人员密集的地方，不能燃放_____。

课文一 Kèwén Yī Text 1

实在没办法

（北京的一个四合院，两个老太太——张大妈和刘奶奶的对话）

刘奶奶：张大妈，带孙子玩哪。

张大妈：是刘奶奶呀。（对孩子说）叫奶奶。

孩　子：奶奶好！

刘奶奶：瞧，这孩子可真讨人喜欢。张大妈，您真有福气呀。

张大妈：有什么福气？受罪的命。三个儿子给我生了俩孙子，一个孙女。都让我一个人带，实在没办法。

刘奶奶：您身体好啊。您看我吧，不是这儿疼，就是那儿不舒服。儿女们关心我，不让我带孙子孙女。

张大妈：我这身体吧，十年以前是挺好，现在不行了，一躺下就不想再爬起来。

刘奶奶：您太累了。这是您最小的孙子吧？等他上了幼儿园，您就别管了，跟我一起上老年大学去。

张大妈：老年大学？这么大年纪了还上什么大学？

刘奶奶：<u>上着玩儿呗</u>。 *This means that attending an informal university is just like having fun.*

张大妈：老年大学里都能学些什么呀？

刘奶奶：多啦。跳舞，画画儿，唱京剧，学书法。想学什么就学什么。——哎呀，我得走了，我老伴儿还在等着我呢。

张大妈：（对孩子说）<u>跟奶奶再见</u>。 *This means to "say goodbye to Granny."*

孩　子：奶奶再见！

Pinyin text

Shízài méi bànfǎ

(Běijīng de yí gè sìhéyuàn, liǎng gè lǎotàitai—Zhāng dàmā hé Liú nǎinai de duìhuà)

Liú nǎinai: Zhāng dàmā, dài sūnzi wán na.

Zhāng dàmā: Shì liú nǎinai ya. (duì háizi shuō) Jiào nǎinai.

Háizi: Nǎinai hǎo!

Liú nǎinai: Qiáo, zhè háizi kě zhēn tǎo rén xǐhuan. Zhāng dàmā, nín zhēn yǒu fúqi ya.

Zhāng dàmā: yǒu shénme fúqi? Shòuzuì de mìng. Sān gè érzi gěi wǒ shēngle liǎ

	sūnzi, yí gè sūnnǚ. Dōu ràng wǒ yí gè rén dài, shízài méi bànfǎ.
Liú nǎinai:	Nín shēntǐ hǎo a. Nín kàn wǒ ba, bú shì zhèr téng, jiù shì nàr bù shūfu. érnǚmen guānxīn wǒ, bú ràng wǒ dài sūnzi sūnnǚ.
Zhāng dàmā:	Wǒ zhè shēntǐ ba, shí nián yǐqián shì tǐng hǎo, xiànzài bùxíng le, yì tǎngxià jiù bù xiǎng zài pá qǐlai.
Liú nǎinai:	Nín tài lèi le. Zhè shì nín zuì xiǎo de sūnzi ba? Děng tā shàngle yòu'éryuán, nín jiù bié guǎn le, gēn wǒ yìqǐ shàng lǎonián dàxué qù.
Zhāng dàmā:	Lǎonián dàxué? Zhème dà niánjì le hái shàng shénme dàxué?
Liú nǎinai:	Shàngzhe wánr bei.
Zhāng dàmā:	Lǎonián dàxué li dōu néng xué xiē shénme ya?
Liú nǎinai:	Duō la. Tiàowǔ, huàhuàr, chàng jīngjù, xué shūfǎ. Xiǎng xué shénme jiù xué shénme.—Āiyā, wǒ děi zǒu le, wǒ lǎobànr hái zài děngzhe wǒ ne.
Zhāng dàmā:	(duì háizi shuō) Gēn nǎinai zàijiàn.
Háizi:	Nǎinai zàijiàn!

根据课文回答问题

Answer questions according to the text.

1. 张大妈在干什么？
2. 刘奶奶觉得张大妈的孙子怎么样？
3. 张大妈觉得自己有没有福气？
4. 张大妈有几个儿子？几个孙子？
5. 张大妈为什么觉得自己是受罪的命？
6. 刘奶奶的身体怎么样？
7. 谁在上老年大学？
8. 老年大学和一般的大学一样吗？
9. 在老年大学里能学习什么？
10. 刘奶奶为什么要走了？谁在等她？

根据课文填空

Fill in the blanks according to the text.

张大妈有三个_____，两个_____，一个_____。儿子们工作都忙，_____没办法，张大妈只好一个人带孙子孙女。不过张大妈的身体现在也不行了，一躺下_____不想再爬起来。别人都说，儿孙满堂，是张大妈的_____，不过张大妈觉得她是_____的命，好不容易带大了三个儿子，现在自己这么大_____了，还要再给孩子带孩子。不过，等最小的孙子上了_____，可能就好点了，她就不打算_____了，她打算跟老伴儿一起去上老年大学。

课文二 Kèwén Èr Text 2

最后一班列车

2012年除夕,晚上11点,上海开往阜阳的K8464次列车还有半个多小时就要发车了。这列火车是2012年上海站发出的最后一班列车,火车将会在第二天,也就是大年初一早上抵达阜阳。

大部分乘客都赶在除夕夜之前走了,白天还人山人海的候车室一下子变得空空荡荡,带着大包小包的一家三口很显眼。这对夫妻大约40岁左右,孩子10岁左右的样子。说起为什么赶在除夕夜回家,孩子的妈妈热情地跟记者聊了起来。

"我们俩都是从阜阳来上海打工的,因为春运车票难买,加上工作上的要求,两年没回家了。我们双方的父母都希望我们今年能回老家过年。前两天孩子奶奶又打来电话,说很想孙子,问我们过年回不回家。我们觉得,今年一定得回去一趟了。我老公负责买东西,我负责买票。我到车站一问才知道,票早就卖完了。不过,他们说除夕晚上可以走,那时候的票不是太紧张。也是,过年嘛,谁不赶在除夕前回家,吃上一顿团圆饭。但初一回去总比回不去强,还挑什么车啊,是吧?老人在家等着呢。我决定就除夕走吧,这也得到了老公的同意。你看,我们还带了刚煮好的饺子,上了火车吃。您先尝尝?"

> This is a fixed structure "一 +V₁+ 才 +V₂". It indicates that the second action is the effect of the first action. Note: "一 +V₁+ 就 +V₂" is also a fixed structure. It indicates that the two actions are closely related, and that the second action is inevitable, as long as the first action takes place.

"看好孩子,该上车了!"孩子的爸爸红着脸拉住了孩子妈妈。"哎呀,对不起!我们要回家了!您过年好。"孩子妈妈边说边拿起了行李。

临近午夜,城市里的鞭炮声越来越密集。K8464 次列车准点从上海站发出,最后一班列车上,每个人都有自己的故事。

Zuìhòu yì bān lièchē

  2012 nián chúxī, wǎnshang shíyī diǎn, Shànghǎi kāi wǎng Fùyáng de K8464 cì lièchē hái yǒu bàn gè duō xiǎoshí jiù yào fāchē le. Zhè liè huǒchē shì èr líng yī èr nián Shànghǎi zhàn fāchū de zuìhòu yì bān lièchē, huǒchē jiāng huì zài dì-èr tiān, yě jiù shì dànián chūyī zǎoshang dǐdá Fùyáng.

  Dàbùfen chéngkè dōu gǎn zài chúxīyè zhī qián zǒu le, báitiān hái rénshān-rénhǎi de hòuchēshì yíxiàzi biàn de kōngkōng-dàngdàng, dàizhe dà bāo xiǎo bāo de yì jiā sān kǒu hěn xiǎnyǎn. Zhè duì fūqī dàyuē sìshí suì zuǒyòu, háizi shí suì zuǒyòu de yàngzi. Shuōqǐ wèi shénme gǎn zài chúxīyè huíjiā, háizi de māma rèqíng de gēn jìzhě liáole qǐlai.

  "Wǒmen liǎ dōu shì cóng Fùyáng lái Shànghǎi dǎgōng de, yīnwèi chūnyùn chēpiào nán mǎi, jiāshàng gōngzuò shang de yāoqiú, liǎng nián méi huíjiā le. Wǒmen shuāngfāng de fùmǔ dōu xīwàng wǒmen jīnnián néng huí lǎojiā guònián. Qián liǎng tiān háizi nǎinai yòu dǎlái diànhuà, shuō hěn xiǎng sūnzi, wèn wǒmen guònián huí bu huíjiā. Wǒmen juéde, jīnnián yídìng děi huíqu yí tàng le. Wǒ lǎogōng fùzé mǎi dōngxi, wǒ fùzé mǎi piào. Wǒ dào chēzhàn yí wèn cái zhīdao, piào zǎojiù màiwán le. Búguò, tāmen shuō chúxī wǎnshang kěyǐ zǒu, nà shíhou de piào bú shì tài jǐnzhāng. Yě shì, guònián ma, shuí bù gǎn zài chúxī qián huíjiā, chīshàng yí dùn tuányuánfàn. Dàn chūyī huíqu zǒng bǐ huí bú qù qiáng, hái tiāo shénme chē a, shì ba? Lǎorén zài jiā děngzhe ne. Wǒ juédìng jiù chúxī zǒu ba, zhè yě dédàole lǎogōng de tóngyì. Nǐ kàn, wǒmen hái dàile gāng zhǔhǎo de jiǎozi, shàngle huǒchē chī. Nín xiān chángchang?"

  "Kānhǎo háizi, gāi shàngchē le!" Háizi de bàba hóngzhe liǎn lāzhùle háizi māma. "Āiyā, duìbuqǐ! Wǒmen yào huíjiā le! Nín guònián hǎo." Háizi māma biān shuō biān náqǐle xíngli.

Línjìn wǔyè, chéngshì li de biānpàoshēng yuèláiyuè mìjǐ. K8464 cì lièchē zhǔndiǎn cóng Shànghǎi zhàn fāchū, zuìhòu yì bān lièchē shang, měi gè rén dōu yǒu zìjǐ de gùshi.

根据课文回答问题
Answer questions according to the text.

1. K8464 次列车是什么时候从哪儿发往哪儿的？ chuxi 十二点, 上海 到阜阳.
2. 为什么白天还人山人海的候车室变得空空荡荡？ 因为 chuxi 十二点.
3. 为什么记者采访这"一家三口"？ 因为 huo che 只有搭这三个人.
4. 这一家人的老家在哪儿？老家还有什么人？ 老家在阜阳. 双方的父母.
5. 他们为什么买除夕夜的车票？ 不可以 mai bie 的.
6. 你觉得孩子爸爸为什么要拉住妈妈？ 因为要 kuai zuo huo che.
7. 你觉得 K8464 次列车上的乘客会怎样度过除夕夜？

根据关键词复述课文
Retell the text according to the key words.

两年前，我和我老公从阜阳来上海…… da gong.
快过年了，我们不知道今年能不能回家，因为…… 票 nan mai.
前两天，孩子奶奶打来电话…… xiang sunzi.
后来，我和老公决定…… hui qu.
到了车站一问才知道…… mai wan le.
听说除夕晚上还有票，我决定…… 午夜去去.
上车前，我还特地在家煮…… jiaozi.
临近午夜，我们终于…… huijia de huo che.
明天一早…… dida fuyang.

讨论：你觉得春运火车票难买的原因是什么？你有什么办法解决春运火车票难买的问题？

Discussion: In your opinion, why it is difficult to buy train ticket in the Spring Festival rush? Do you have any suggestions to solve this problem?

词语学习 Cíyǔ xuéxí Word practice

❋ 俩

It is typically used in spoken Chinese. 俩 means 两个, therefore 俩 does not require a measure word.

1. 三个儿子给我生了俩孙子。

2. 我发现他们俩都很伤心。
3. 老先生把财产都分好了,儿女们才同意他们俩复婚。

🌸 管

Verb: to discipline; take care of; bother about
1. 等他上了幼儿园,你就别管了,跟我一起上老年大学去。
2. 你一定要好好管管孩子。
3. 我是管生活的,学习上的事儿我不管。

管 … 叫 … is a fixed structure. It is equivalent to 把 … 叫作 …
4. 他们都管我叫"大熊猫"。

Conjunction: same as 不管, can be used as a conjunction in spoken Chinese, meaning "whether... or not," "regardless of," "no matter (who, what, how, etc.)."
5. 管他是男是女,只要有能力,我们都要。
6. 管你喜欢不喜欢,只要我喜欢就行。
7. 管他是谁,错了就应该道歉。

🌸 要求

Verb: to request, to demand, to require, to claim
1. 他的工作要求他必须晚上加班。
2. 他们要求和校长见面。
3. 老师总是要求我们多读课文。
4. 我们每个人都应该严格要求自己。

Noun: demand, request, claim
5. 我们一定会满足你的要求。
6. 他对我提出了两点要求。

🌸 - 方 _single_

Suffix: -side

双方 / 男方 / 女方 / 我方 / 对方

东方 / 西方 / 南方 / 北方 / 四方 / 上方 / 下方 / 远方
1. 对这个问题,双方进行了认真的讨论。
2. 加拿大的南方和美国的北方是连着的。

🌸 fu ze 负责 - responsibility

Verb: be in charge of; be responsible for
1. 我老公负责在外头工作赚钱,我负责照顾孩子做家务。
2. 你在中国的衣食住行都由我来负责。

Adjective: responsible, conscientious
3. 你真是一位认真负责的好老师！
4. 王教授对他的学生是很负责的。

❀ 得到

Verb: to get, to obtain, to gain, to receive
1. 把房子租出去，每个月可以得到一笔租金。
2. 女人常常要做出更多的努力才能得到和男人一样的机会。
3. 我从来也没得到过一点儿好处。
4. 你别想从他那儿得到什么好处。
5. 你从他那儿得不到什么好处。

❀ 同意

Verb: to agree, to consent, to approve
1. 没有我的同意，谁也不能开我的车。
2. 我同意你们的意见，可老师不同意。
3. 爸爸会不会同意你的要求？
4. 我的网友好几次要求和我见面，我都没同意。

✿ 改写句子

Rewrite the sentences.
1. 你和我住在一个房间。
   _____（俩）
2. 这一对夫妻，男的愿意回家，女的不愿意。
   _____（-方）
3. 他是我们公司管事儿的人。
   _____（负责）
4. 老师让家长帮助孩子写家庭作业。
   _____（要求）

✿ 选择恰当的词语

Choose the proper word to complete the sentences.
1. 老人要离婚，孩子们觉得年纪都那么大了，都不（A 同意/B 反对）。
2. 当我们（A 得到/B 失去）友谊时，才会知道友谊的珍贵。
3. 爸妈工作忙，都没时间（A 管/B 负责）孩子。
4. 学生宿舍在学校的（A 北方/B 北部）。
5. 孩子（A 要求/B 要）完成作业以后才能看电视。

文化点 Wénhuàdiǎn **Cultural notes**

The Chinese 4-2-1 Family

With the changing policy and people's notion towards childbirth, the size of the Chinese family is shrinking dramatically. Big families that used to have a number of uncles and aunts are now scaled down to small ones with a pattern of 4-2-1. 4 refers to four elderly people, that is, the paternal and the maternal grandparents; 2 refers to the parents and 1 refers to the only child in the family.

Due to the busy work life of the parents, the retired grandparents usually have to take care of the children. However tough it is, most of the elderly people regard it as happiness to take care of their grandchildren in retirement. Having both the elderly and the young live happily together is a kind of well-being highly cherished by Chinese traditional culture.

Unit 4

Xīwàng
希望
Hope

学习目标
Learning objectives

* 谈论孩子的教育问题

  Talking about children's education

* 表达抱怨与批评

  Expressing complaints and criticisms

* 了解中国的城镇化改革

  Understanding the reform of rural urbanization in China

* 学习相关词汇和表达方式

  Learning related words and expressions

热身 Rèshēn **Warm up**

💬 希望小学：如果你要办一所希望小学，你觉得这所学校应该是什么样的？
Hope Primary School: If you are to build a Hope Primary School, what do you think should it be like?

💬 家长会：在哪些情况下，家长得去学校？
Parents' Meeting: Under what situation are parents supposed to go to school?

词语 Cíyǔ Words and Expressions

Text 1

1.	城里	(PW)	chéng li	inside the city; in town
2.	详细	(Adj.)	xiángxì	detailed, minute
3.	光临	(V.)	guānglín	be present
4.	指导	(V.& N.)	zhǐdǎo	advise; advice
5.	全部	(N.)	quánbù	whole, total, all
6.	所	(MW)	suǒ	(measure word for a school or an institute)
7.	捐款	(N.)	juānkuǎn	donation; contribute money
8.	投资	(V.& N.)	tóuzī	invest; investment
9.	县	(N.)	xiàn	county
10.	成长	(V.)	chéngzhǎng	grow up
11.	不利	(Adj.)	búlì	unfavorable, disadvantageous, disadvantaged
12.	顺利	(Adj.)	shùnlì	favorable, smooth, successful
13.	困难	(Adj.& N.)	kùnnan	difficult; difficulty
14.	好	(Adv.)	hǎo	quite (a few, a while), very
15.	缺少	(V.)	quēshǎo	lack; be short of
16.	资金	(N.)	zījīn	capital

Text 2

17.	有请	(V.)	yǒuqǐng	make a request
18.	低	(V.)	dī	let drop; hang down
19.	难为情	(Adj.)	nánwéiqíng	shy, embarrassed
20.	家访	(V.)	jiāfǎng	visit a student's family
21.	亲切	(Adj.)	qīnqiè	cordial, kind
22.	沙发	(N.)	shāfā	sofa, couch
23.	家长	(N.)	jiāzhǎng	parent
24.	猜想	(V.& N.)	cāixiǎng	guess, suppose; guess, suspect

25.	惹	(V.)	rě	offend, provoke
26.	推	(V.)	tuī	push
27.	办公室	(N.)	bàngōngshì	office
28.	点头		diǎntóu	nod
29.	让座		ràngzuò	offer one's seat to sb.; invite guests to be seated
30.	悬	(V.)	xuán	hang, suspend
31.	颗	(MW)	kē	(measure word for heart)
32.	总算	(Adv.)	zǒngsuàn	at long last; finally
33.	嘴	(N.)	zuǐ	mouth
34.	考	(V.)	kǎo	take a test or examination
35.	目前	(TW)	mùqián	at present; at the moment
36.	倒数	(V.)	dàoshǔ	count backwards
37.	名	(MW)	míng	(the achieved placing in a competition, class ranking)
38.	瞪	(V.)	dèng	open one's eyes wide; stare, glare
39.	莫名其妙		mòmíngqímiào	unaccountably

Unit 4

用本课的生词填空

Fill in the blanks with the new words and expressions in this text.

1. 我们一走进饭店，服务员就走上来，对我们说："欢迎_____！"
2. 春节时，原来在城里打工的农民工几乎_____回老家了。
3. 这所希望小学的建设得到了好心人的_____和政府的投资。
4. 父母离婚对孩子成长_____。
5. 因为缺少资金，学校发展不顺利，老师发工资都有_____。
6. 孩子在学校犯了错，老师来家访，家长感觉有点_____。
7. 被老师批评后，学生_____着头走出了办公室。
8. 张老师正在沙发上休息，见到有人来，赶忙起来_____。
9. 高中毕业后复习了两年，他才_____考上了理想的大学。
10. 他平时学习成绩还可以，但这次却_____了班里倒数第五名。

041

课文一 Kèwén Yī Text 1

城里的"希望小学"

(上海,一所民办小学校,马丁的朋友高一飞把马丁介绍给校长赵明)

高一飞:我给你们介绍一下。这位是我的澳大利亚朋友马丁。这位是赵校长。

赵 明:您好!

马 丁:您好!

高一飞:赵校长,马丁对您办学校的事很感兴趣,想请您详细介绍介绍。

赵 明:好,好,好。欢迎你们光临指导!

Hope Primary School — schools initiated by an NGO, the Youth Foundation, set up by using donations from various communities and the business sectors in order to help poor students in underdeveloped areas in China. This is to say, Hope Primary Schools are mainly elementary schools located in rural villages.

马 丁:我以前听说过"希望小学",但全部都在农村,

　　　　　您怎么把希望小学办到城里来了？

赵　明：是这样的，我这所小学和您说的不一样。您说的那种希望小学有很多人捐款，我这所小学只有我一个人投资。最近几年，我们县来上海打工的人一年比一年多，很多人把孩子也带来了，这些孩子来了以后就不上学了。我觉得孩子不上学将来就没有希望，这对孩子的成长非常不利。于是就办了这所小学。

马　丁：您办这所小学还顺利吗？

赵　明：不太顺利，有不少困难。

马　丁：是没有学生吗？

赵　明：不，学生多的是，有好几个班呢。不过除了学生，要什么缺什么。最大的困难是缺少老师和教室。我们现在有80多个学生，但是只有3个老师，2个教室。当然，最大的困难也可以说是缺少资金。我不能给老师更高的工资，也租不起更多的教室。

马　丁：我很想帮助您，可惜我不是大老板。

> This means 学生很多.

Pinyin text

Chéng li de "xīwàng xiǎoxué"

(Shànghǎi, yì suǒ mínbàn xiǎo xuéxiào. Mǎdīng de péngyou Gāo Yīfēi bǎ Mǎdīng jièshào gěi xiàozhǎng Zhào Míng)

Gāo Yīfēi:　　Wǒ gěi nǐmen jièshào yíxià. Zhè wèi shì wǒ de Àodàlìyà péngyou

	Mǎdīng. zhè wèi shì Zhào xiàozhǎng.
Zhào Míng:	Nín hǎo!
Mǎdīng:	Nín hǎo!
Gāo Yīfēi:	Zhào xiàozhǎng, Mǎdīng duì nín bàn xuéxiào de shì hěn gǎn xìngqù, xiǎng qǐng nín xiángxì jièshào jièshào.
Zhào Míng:	Hǎo, hǎo, hǎo. Huānyíng nǐmen guānglín zhǐdǎo!
Mǎdīng:	Wǒ yǐqián tīngshuōguo "xīwàng xiǎoxué", dàn quánbù dōu zài nóngcūn, nín zěnme bǎ xīwàng xiǎoxué bàndào chéng li lái le?
Zhào Míng:	Shì zhèyàng de, wǒ zhè suǒ xiǎoxué hé nín shuō de bù yíyàng. Nín shuō de nà zhǒng xīwàng xiǎoxué yǒu hěn duō rén juānkuǎn, wǒ zhè suǒ xiǎoxué zhǐ yǒu wǒ yí gè rén tóuzī. Zuìjìn jǐ nián, wǒmen xiàn lái Shànghǎi dǎgōng de rén yì nián bǐ yì nián duō, hěn duō rén bǎ háizi yě dàilái le, zhèxiē háizi láile yǐhòu jiù bú shàngxué le. Wǒ juéde háizi bú shàngxué jiānglái jiù méiyǒu xīwàng, zhè duì háizi de chéngzhǎng fēicháng búlì. Yúshì jiù bànle zhè suǒ xiǎoxué.
Mǎdīng:	Nín bàn zhè suǒ xiǎoxué hái shùnlì ma?
Zhào Míng:	Bú tài shùnlì, yǒu bùshǎo kùnnan.
Mǎdīng:	Shì méiyǒu xuésheng ma?
Zhào Míng:	Bù, xuésheng duō de shì, yǒu hǎo jǐ gè bān ne. Búguò chúle xuésheng, yào shénme quē shénme. Zuì dà de kùnnan shì quēshǎo lǎoshī hé jiàoshì. Wǒmen xiànzài yǒu bāshí duō gè xuésheng, dànshì zhǐ yǒu sān gè lǎoshī, liǎng gè jiàoshì. Dāngrán, zuì dà de kùnnan yě kěyǐ shuō shì quēshǎo zījīn. Wǒ bù néng gěi lǎoshī gèng gāo de gōngzī, yě zū bu qǐ gèng duō de jiàoshì.
Mǎdīng:	Wǒ hěn xiǎng bāngzhù nín, kěxī wǒ bú shì dà lǎobǎn.

根据课文回答问题
Answer questions according to the text.

1. 马丁对什么很感兴趣?
2. 马丁以前听说的希望小学在农村还是城市?
3. 赵校长的学校跟希望小学一样不一样? 为什么?
4. 赵校长为什么要办这所学校?
5. 赵校长办学校顺利不顺利? 他最大的困难是什么?
6. 赵校长的学校学生多不多? 他的学生都是从哪儿来的?

根据课文填空
Fill in the blanks according to the text.

赵明是一_____"希望小学"的校长。"希望小学"一般都在农村,不过赵明的"希望小学"在_____。这所小学也没有人捐款,都是赵明一个人_____。赵明他们县有很多人来城里_____。孩子跟着_____来到城里以后，城里的学校进不去，很多孩子就不_____了。可是赵明觉得孩子不上学将来就没有_____，这对孩子的成长非常_____，于是就办了这所小学。办学校也遇到很多困难，学生_____，但是最大的困难是_____资金。

课文二 Kèwén Èr Text 2

老师有请

吃晚饭的时候，儿子低着头，有点儿难为情地说："爸爸，老师让您到学校去一趟。"

我小的时候，老师家访是很普通的事，现在想起来还觉得很亲切。老师坐在沙发上，爸爸妈妈坐在旁边，我躲在房间里听他们谈话。现在老师忙，请家长去见个面，也是一样的。

> 有请 is used by the host when inviting guests. It is more formal than 请.

我猜想肯定是儿子又惹老师生气了。老师有请，不能不去。

推开老师办公室的门，看见四个年轻女老师坐着。儿子的老师见我进来，点了点头，客气地给我让座。

老师说我儿子上课的时候吃东西，和女同学说话，等等。我听了听，没什么特别不好的事，悬着的一颗心总算放了下来，感觉轻松了很多。

"您一定要好好儿管管您儿子的那张嘴，还有半年就要考中学了，再这样下去，他肯定考不上好中学。考不上好中学，将来肯定考不上好大学。考不上好大学，怎么找好工作？那还有什么希望？"

我一边听，一边点头。但老师的最后一句话让我觉得很不舒服：

"他目前是倒数第三名，再不好好儿管管，他很快就成最后一名了。您可是大学教授啊！"

我先说了些感谢老师的话，然后又说："儿子像我。我小时候就经常是倒数第一名。"

老师们听了我的话，都瞪大了眼睛，莫名其妙地看着我，没有说话。

Pinyin text

Lǎoshī yǒuqǐng

Chī wǎnfàn de shíhou, érzi dīzhe tóu, yǒu diǎnr nánwéiqíng de shuō: "Bàba, lǎoshī ràng nín dào xuéxiào qù yí tàng."

Wǒ xiǎo de shíhou, lǎoshī jiāfǎng shì hěn pǔtōng de shì, xiànzài xiǎng qǐlai hái juéde hěn qīnqiè. Lǎoshī zuò zài shāfā shang, bàba māma zuò zài pángbiān, wǒ duǒ zài fángjiān li tīng tāmen tánhuà. Xiànzài lǎoshī máng, qǐng jiāzhǎng qù jiàn gè miàn, yě shì yíyàng de.

Wǒ cāixiǎng kěndìng shì érzi yòu rě lǎoshī shēngqì le. Lǎoshī yǒuqǐng, bù néng bú qù.

Tuīkāi lǎoshī bàngōngshì de mén, kànjiàn sì gè niánqīng nǚ lǎoshī zuòzhe. Érzi de lǎoshī jiàn wǒ jìnlai, diǎnle diǎn tóu, kèqi de gěi wǒ ràngzuò.

Lǎoshī shuō wǒ érzi shàngkè de shíhou chī dōngxi, hé nǚ tóngxué shuōhuà, děngděng. wǒ tīngle tīng, méi shénme tèbié bùhǎo de shì, xuánzhe de yì kē xīn zǒngsuàn fàngle xiàlai, gǎnjué qīngsōngle hěn duō.

"Nín yídìng yào hǎohāor guǎnguan nín érzi de nà zhāng zuǐ. Hái yǒu bàn nián jiù yào kǎo zhōngxué le, zài zhèyàng xiàqu, tā kěndìng kǎo bu shàng hǎo zhōngxué. kǎo bu shàng hǎo zhōngxué, jiānglái kěndìng kǎo bu shàng hǎo dàxué. Kǎo bu shàng hǎo dàxué, zěnme zhǎo hǎo gōngzuò? Nà hái yǒu shénme xīwàng？"

Wǒ yìbiān tīng, yìbiān diǎntóu. Dàn lǎoshī de zuìhòu yí jù huà ràng wǒ juéde hěn bù shūfu:

"Tā mùqián shì dàoshǔ dì-sān míng, zài bù hǎohāor guǎnguan, tā hěn kuài jiù chéng zuìhòu yì míng le. Nín kě shì dàxué jiàoshòu a！"

Wǒ xiān shuōle xiē gǎnxiè lǎoshī de huà, ránhòu yòu shuō: "Érzi xiàng wǒ. Wǒ xiǎoshíhou jiù jīngcháng shì dàoshǔ dì-yī míng."

Lǎoshīmen tīngle wǒ de huà, dōu dèngdàle yǎnjing, mòmíngqímiào de kànzhe wǒ, méiyǒu shuōhuà.

根据课文回答问题
Answer questions according to the text.

1. 儿子为什么觉得难为情？
2. "我"小的时候，老师常常家访吗？
3. 老师家访的时候，"我"干什么？
4. "我"去儿子学校的时候，在办公室里看见了几位老师？
5. 儿子的老师是男的还是女的？年轻的还是年老的？
6. 老师说"我"儿子上课的时候常常干什么？
7. 老师的什么话让"我"感觉很轻松？什么话让"我"觉得很不舒服？
8. "我"儿子的学习好不好？
9. 老师们听了我的话以后，说了些什么？

讨论：你觉得什么样的学生是"好学生"？什么样的是"坏学生"？
Discussion: What kind of students do you think are good? And what kind are bad?

词语学习 Cíyǔ xuéxí Word practice

详细

Adjective: detailed, minute

1. 赵校长，马丁对您办学校的事很感兴趣，想请您详细介绍介绍。
2. 他非常详细地了解了那儿的情况。
3. 赵校长介绍得很详细。
4. 详细（的）情况我也不清楚。

不利

Adjective: unfavorable, disadvantaged, disadvantageous

1. 我觉得孩子不上学将来就没有希望，这对孩子的成长非常不利。
2. 他的决定对我们很不利。
3. 有些规则对发达国家有利，但对发展中国家不利。
4. 我们一定要想办法改变 (gǎibiàn, to change) 这种不利的情况。
5. 有些规则有利于发达国家，但不利于发展中国家。
6. 我觉得孩子不上学将来就没有希望，这不利于孩子成长。

7. 我觉得你这样做不利于我们更好地进行调查。

好

Adverb: quite (a few, a while), very
1. 学生多的是，有好几个班呢。
2. 我已经来了好一阵子了。
3. 我们班有好多外国留学生。
4. 好久不见，你最近忙吗？
5. 好香啊！是什么菜？
6. 好漂亮的花儿！
7. 我好想你啊，你快点儿回来吧！

资金

Noun: capital
1. 最大的困难也可以说是缺少资金。
2. 公司大，资金也多。

注意："资金"是指用来投资、生产等的钱。生活等非投资用的钱，不能叫做"资金"。

Note: 资金 refers to money for investment or production, and not money that one lives on.

总算

Adverb: at long last, finally. This often denotes the fulfillment of a wish, after a long struggle or great effort.
1. 悬着的一颗心总算放了下来。
2. 我们等了半天，小王总算来了。
3. 经过一年的学习以后，我们总算能用汉语跟中国人聊天儿了。
4. 一连下了好几天的雨，今天总算晴了。
5. 她想啊想，最后总算想到了一个好办法。

普通

Adjective: common, ordinary, average
1. 老师家访是很普通的事。
2. 我们俩只是普通朋友。
3. 电影明星也是普普通通的人。
4. 这样的事儿在我们这儿很普通。

目前

Noun: (at) present; (at) the moment
1. 他目前是倒数第三名。
2. 目前，我们最重要的任务是学习。
3. 上海目前有近100万的老人不和子女住在一起。

4. 直到目前，我还是不明白你为什么要那么做。
5. 我不了解他们目前的情况。

莫名其妙

Idiom: odd, inexplicable; without reason; be baffled; unaccountably

1. 老师们都莫名其妙地看着我。
2. 走着走着，他突然莫名其妙地说："我一定会死的。"
3. 她突然笑了起来，笑得莫名其妙。
4. 莫名其妙的事儿还多着呢！
5. 大家突然都走了，她感到莫名其妙，不知道是怎么回事儿。
6. 你这人怎么回事？真是莫名其妙！

改写句子

Rewrite the sentences.

1. 请告诉我你几点什么航班到哪个机场等等，我去机场接你。
   _____（详细）
2. 如果父母离婚的话，孩子的成长就会受不好的影响。
   _____（不利）
3. 我们家没有钱，爸爸妈妈都是工厂里的很一般的工人。
   _____（普通）
4. 钱包一直放在书包里，不知道怎么丢了。
   _____（莫名其妙）
5. 他在家待了两年，后来花了不少钱，又请人说情，才找到一份工作。
   _____（总算）
6. 今天的课文真难！我花了三四个小时才把课文弄明白。
   _____（好）

文化点 Wénhuàdiǎn Cultural notes

The Urbanization of Migrant Workers

According to statistics, at the end of 2012, the population of Chinese rural migrant workers exceeded 260 million, more than 160 million of which worked outside of their hometowns. These workers mainly migrated from the mid and west countryside to eastern urban areas, taking up jobs in manufacturing, construction, and service industries. They contribute to the development of the cities and bring back home money.

However, different from those migrant workers of the first generation, whose main purpose was to earn money in towns but remain their life in the country, the new generation has a greater need for urbanization; they are eager to be "urbanized." But due to the duality of Chinese economic structure between urban and rural areas, and the household registration system, most children of these workers, even though they are born and grow up in cities, do not have access to the same medical, educational and residential rights as city residents.

China has currently put forward a goal for the new urbanization reform: to promote a people-centered urbanization, facilitating the free movement and united management of the labor force.

Unit 5

Zhòngjiǎng
中　奖
Winning the Lottery

学习目标
Learning objectives

* 谈论数字迷信和彩票文化

  Talking about number superstition and the culture of the lottery

* 报告社会调查结果

  Reporting results of social surveys

* 了解中国人的财富观

  Understanding the Chinese concept of wealth

* 学习相关词汇和表达方式

  Learning related words and expressions

热身 Rèshēn Warm up

💬 **看下表，最贵的手机号码多少钱？你最喜欢哪个号码？为什么？**
Which is the highest priced cell phone number? Which do you like best? Why?

5月最新到货号码			
号码	价格	号码	价格
139 576 576 39	3500	135 666 665 72	4000
139 576 576 72	1000	135 666 662 71	4000
139 576 576 73	1000	182 586 858 68	10000
139 576 576 20	1000	137 576 457 64	2500
139 576 576 36	1000	158 886 601 88	3680
139 576 515 13	500	182 676 765 43	1580
139 576 515 19	500	182 586 858 98	1000
139 576 515 10	500	182 576 298 98	1500
137 776 656 68	1880	136 066 880 66	3800
137 776 656 58	1880	139 576 935 79	800

💬 **你买彩票吗？为什么？**
Do you buy lottery tickets? Why?

词语 Cíyǔ **Words and Expressions**

Text 1

1.	派	(V.)	pài	send
2.	中彩	(V.)	zhòngcǎi	win the lottery
3.	吉利	(Adj.)	jílì	lucky
4.	排号	(V.)	páihào	assign a number; generate numbers
5.	更改	(V.)	gēnggǎi	change
6.	改	(V.)	gǎi	change
7.	数	(N.)	shù	number
8.	发	(V.)	fā	get rich
9.	抱歉	(V.)	bàoqiàn	be/feel sorry (apologetic)
10.	迷信	(V.)	míxìn	be superstitious
11.	彩票	(N.)	cǎipiào	lottery ticket
12.	中奖	(V.)	zhòngjiǎng	win the lottery
13.	发财	(V.)	fācái	get rich

Text 2

14.	白日梦	(N.)	báirìmèng	daydream
15.	完全	(Adv.)	wánquán	completely, conclusively, entirely
16.	发行	(V.)	fāxíng	issue, publish
17.	天文	(N.)	tiānwén	astronomy
18.	数字	(N.)	shùzì	number, figure
19.	是否	(Adv.)	shìfǒu	whether or not
20.	曾经	(Adv.)	céngjīng	once, formerly
21.	梦想	(V.& N.)	mèngxiǎng	dream
22.	头彩	(N.)	tóucǎi	first prize; jackpot
23.	假若	(Conj.)	jiǎruò	if
24.	大部分	(N.)	dàbùfen	the majority (of)

25.	愿望	(N.)	yuànwàng	desire, wish
26.	毕竟	(Adv.)	bìjìng	after all; in the end
27.	-者		-zhě	-er, -or, -ist, -ian
28.	提供	(V.)	tígōng	provide
29.	旅游	(V.)	lǚyóu	travel
30.	购	(V.)	gòu	purchase
31.	创业	(V.)	chuàngyè	begin an undertaking; start up a business
32.	大多数	(N.)	dàduōshù	majority
33.	男性	(N.)	nánxìng	male
34.	成（10%）	(MW)	chéng（10%）	one tenth
35.	女性	(N.)	nǚxìng	female
36.	意味着	(V.)	yìwèizhe	mean, imply, signify
37.	反而	(Conj.)	fǎn'ér	instead; on the contrary; contrary to
38.	如此	(Pron.)	rúcǐ	so, such; in this way
39.	能够	(MV)	nénggòu	can; be able to; be capable of
40.	实现	(V.)	shíxiàn	come true; realize, achieve

Proper noun

41. 《新民周刊》　　《Xīnmín Zhōukān》　*Xinmin Weekly*

用本课的生词填空

Fill in the blanks with the new words and expressions in this text.

1. 很多中国人都相信某些数字是"_____"的，比如说6、8。
2. 一些特价飞机票卖出去以后，就不能_____时间。
3. 想要发财，不能光想着买彩票，_____大奖，得好好工作。
4. 请你告诉我你家的地址，我们_____人开车去接你。
5. 真_____，让您久等了。
6. 《人民日报》是中国发行量最大的报纸之一，它的发行量是一个_____数字。
7. 你是否_____过有一天自己中五百万的大奖？
8. 大多数人旅游时都会顺便_____物。
9. 这个"吉利"的号码不但没有给他带来运气，_____给他带来了很多麻烦。
10. 别人都说他是做"白日梦"，但他相信有一天一定能够_____自己的梦想。

课文一 Kèwén Yī Text 1

518，我要发

营业员：先生，这是您的电话号码。明天我们会派人给您家装电话。

赵学东：5-4-9-1-0-5-1-4，5-1-4，小姐，能不能给我换个号码？

营业员：为什么呢？

赵学东：你看，5-1-4，<u>我要死</u>，中了这个"彩"，我也太不吉利了。

> In Chinese, "514" is read "wǔyāosì". The pronunciation sounds like "I will die."

营业员：对不起，我们这是电脑排号，我也没有办法更改。

赵学东：就改一个数，把4换成8，5-1-8，<u>我要发</u>，多好。

> When read in Cantonese, "518" sounds the same as "I will get rich."

营业员：真抱歉，我理解您，不过您可别迷信。我有一个朋友，上次买了张彩票，号码是5911888，他说一定会中大奖、发大财，结果怎么样？什么奖也没中。

赵学东：可是，<u>不发也不能死呀</u>！我就是不要514。

> This means, "not getting rich is fine, but death is unacceptable." In this case, it means, "not getting a number with an 8 is fine, but a number with a 4 is unacceptable."

营业员：您稍等一下，我替您问问经理吧！

（营业员去找经理，几分钟后，营业员回来了）

营业员：先生，我们经理说，您实在想要518也行，不过得多付钱。这是吉利号，得付选号费。

赵学东：多少钱？

营业员：888。您看，这数字很吉祥吧！

赵学东：好哇，我还没发，你们先发了。

Pinyin text

Wǔ-yāo-bā, wǒ yào fā

Yíngyèyuán: Xiānsheng, zhè shì nín de diànhuà hàomǎ. Míngtiān wǒmen huì pài rén gěi nín jiā zhuāng diànhuà.

Zhào Xuédōng: Wǔ-sì-jiǔ-yāo-líng-wǔ-yāo-sì, wǔ-yāo-sì, xiǎojie, néng bu néng gěi wǒ huàn gè hàomǎ?

Yíngyèyuán: Wèi shénme ne?

Zhào Xuédōng: Nǐ kàn, wǔ-yāo-sì, wǒ yào sǐ, zhòngle zhège "cǎi", wǒ yě tài bù jílì le.

Yíngyèyuán: Duìbuqǐ, wǒmen zhè shì diànnǎo pái hào, wǒ yě méiyǒu bànfǎ gēnggǎi.

Zhào Xuédōng: Jiù gǎi yí gè shù, bǎ sì huànchéng bā, wǔ-yāo-bā, wǒ yào fā, duō hǎo.

Yíngyèyuán: Zhēn bàoqiàn, wǒ lǐjiě nín, búguò nín kě bié míxìn. Wǒ yǒu yí gè péngyou, shàng cì mǎile zhāng cǎipiào, hàomǎ shì wǔ-jiǔ-yāo-yāo-bā-bā-bā, tā shuō yídìng huì zhòng dàjiǎng, fā dàcái, jiéguǒ zěnmeyàng? Shénme jiǎng yě méi zhòng.

Zhào Xuédōng: Kěshì, bù fā yě bù néng sǐ ya! Wǒ jiù shì bú yào wǔ-yāo-sì.

Yíngyèyuán: Nín shāoděng yíxià, wǒ tì nín wènwen jīnglǐ ba!

(The shop assistant went to the manager's office. Several minutes later, she came back.)

Yíngyèyuán: Xiānsheng, wǒmen jīnglǐ shuō, nín shízài xiǎng yào wǔ-yāo-bā yě xíng, búguò děi duō fù qián. Zhè shì jílì hào, děi fù xuǎn hào fèi.

Zhào Xuédōng: Duōshǎo qián?

Yíngyèyuán: Bābǎi bāshíbā. Nín kàn, zhè shùzì hěn jíxiáng ba!

Zhào Xuédōng: Hǎo wā, wǒ hái méi fā, nǐmen xiān fā le.

根据课文回答问题

Answer questions according to the text.

1. 赵学东为什么要换号码？
2. 赵学东为什么认为 5-1-4 这个号码不吉利？
3. 号码为什么不能随便更改？
4. 赵学东想把号码换成什么？为什么？
5. 吉利的号码是否一定能中大奖？
6. 最后，营业员有没有给赵学东换号码？

根据课文填空

Fill in the blanks according to the text.

赵学东想给家里_____个电话，电脑排_____来的号是15490514。但是 5-1-4 可不是一个_____数字，听起来像是"我要_____"。赵学东想把 5-1-4 _____成 5-1-8。营业员觉得赵学东太_____了。可不管怎么说，赵学东就是不要 5-1-4。营业员告诉赵学东，如果_____想要 5-1-8 也行，但是得_____付 888 块钱。看来，他们电话营业厅倒真是靠这个数发财的。

课文二 Kèwén Èr Text 2

"白日梦"

根据不完全统计，目前中国每年发行彩票3000多亿人民币。对于平均月收入为2000多元的中国城镇居民来说,500万大奖可以说是一个天文数字。

您是否买过彩票？是否也曾经梦想过自己会中头彩？假若您中了500万大奖，您会怎么花？《新民周刊》在上海对这些问题做了一次调查。

大部分上海人都曾买过彩票，从来不买的人只有极少数。买彩票时有没有想过中奖？回答是当然想过，<u>不想中奖买彩票干什么？</u>

> "Why would you buy a lottery ticket, if you didn't want to win?" This is a rhetorical question. It means, "You certainly want to win a prize if you buy lottery tickets."

中奖是每个人的愿望，但能中奖的毕竟是少数人。根据调查，四分之一的人从来没有中过奖，多数人只中过最小的奖。<u>在2984名被调查者中</u>，没有一个人中过500万的大奖。

> This means "of the 2984 people surveyed," or "among the 2984 people surveyed."

如果中了500万元，您最想干的是什么？《新民周刊》提供的选择有出国旅游、购车或者买房、开公司创业等6个。不管是男人还是女人，大多数人最想干的事情都是购车或者买房。

选择最想开公司创业的男性差不多有三成，女性只有一成多一点；有两成多的女性选择出国旅游，男性却不到一成。看来，女性比男性更希望看看外面的世界。

500万元大奖是否一定意味着幸福呢？只有少数被调查者给了肯定的回答，大多数人都认为不一定；还有一些人认为<u>大奖不但不能带来幸福，反而还会带来很多麻烦</u>。虽然如此，他们还是希望自己的"白日梦"能够实现。

> "The prize money would not only be incapable of bringing happiness, it would bring in a lot of trouble instead."

Pinyin text

"Báirìmèng"

Gēnjù bù wánquán tǒngjì, mùqián Zhōngguó měi nián fāxíng cǎipiào sānqiān duō yì rénmínbì. Duìyú píngjūn yuè shōurù wéi liǎngqiān duō yuán de Zhōngguó chéngzhèn jūmín láishuō, wǔbǎi wàn dàjiǎng kěyǐ shuō shì yí gè tiānwén shùzì.

Nín shìfǒu mǎiguo cǎipiào? Shìfǒu yě céngjīng mèngxiǎngguo zìjǐ huì zhòng tóucǎi? Jiǎruò nín zhòngle wǔbǎi wàn dàjiǎng, nín huì zěnme huā? 《Xīnmín Zhōukān》 zài Shànghǎi duì zhèxiē wèntí zuòle yí cì diàochá.

Dà bùfen Shànghǎirén dōu céng mǎiguo cǎipiào, cónglái bù mǎi de rén zhǐ yǒu jí shǎoshù. Mǎi cǎipiào shí yǒu méiyǒu xiǎngguo zhòngjiǎng? Huídá shì dāngrán xiǎngguo, bù xiǎng zhòngjiǎng mǎi cǎipiào gàn shénme?

Zhòngjiǎng shì měi gè rén de yuànwàng, dàn néng zhòngjiǎng de bìjìng shì shǎoshù rén. Gēnjù diàochá, sì fēn zhī yī de rén cónglái méiyǒu zhòngguo jiǎng, duōshù rén zhǐ zhòngguo zuì xiǎo de jiǎng. Zài liǎngqiān jiǔbǎi bāshísì míng bèidiàocházhě zhōng, méiyǒu yí gè rén zhòngguò wǔbǎi wàn de dà jiǎng.

Rúguǒ zhòngle wǔbǎi wàn yuán, nín zuì xiǎng gàn de shì shénme? 《Xīnmín Zhōukān》 tígōng de xuǎnzé yǒu chūguó lǚyóu, gòu chē huòzhě mǎi fáng, kāi gōngsī chuàngyè děng liù gè. Bùguǎn shì nánrén háishi nǚrén, dàduōshù rén zuì xiǎng gàn de shìqing dōu shì gòu chē huòzhě mǎi fáng.

Xuǎnzé zuì xiǎng kāi gōngsī chuàngyè de nánxìng chàbuduō yǒu sān chéng, nǚxìng zhǐ yǒu yì chéng duō yì diǎn; yǒu liǎng chéng duō de nǚxìng xuǎnzé chūguó lǚyóu, nánxìng què bú dào yì chéng. Kànlái, nǚxìng bǐ nánxìng gèng xīwàng kànkan wàimian de shìjiè.

Wǔbǎi wàn yuán dà jiǎng shìfǒu yídìng yìwèizhe xìngfú ne? Zhǐ yǒu shǎoshù bèidiàocházhě gěile kěndìng de huídá, dàduōshù rén dōu rènwéi bù yídìng; hái yǒu yìxiē rén rènwéi dà jiǎng búdàn bùnéng dàilái xìngfú, fǎn'ér hái huì dàilái hěn duō máfan. Suīrán rúcǐ, tāmen háishi xīwàng zìjǐ de "báirìmèng" nénggòu shíxiàn.

根据课文回答问题

Answer questions according to the text.

1. 目前中国每年发行多少彩票？
2. 中国城镇居民人均月收入大概是多少？
3. 《新民周刊》对什么问题进行了调查？
4. 有多少上海人曾经买过彩票？从来不买彩票的人多不多？

5. 能中奖的人是多数还是少数?
6. 有多少人从来也没中过奖?
7. 在被调查者中,有没有人中过500万元的大奖?
8. 如果中了大奖,大多数人最想干的事是什么?
9. 男性和女性谁更希望去外国旅行?
10. 中大奖是否一定意味着幸福?

❂ 你中过彩票吗? 如果你中了500万, 你会做什么?
Have you ever won a lottery? If you won five million, what would you do?

词语学习 Cíyǔ xuéxí Word practice

❋ 中

Verb: to hit, to win; fall into; be hit by

中彩 / 中奖 / 中签 / 中选 / 中毒 / 中暑 / 中风

选中 / 猜中 / 打中

1. 中奖是每个人的愿望,但能中奖的毕竟是少数人。
2. 假若您中了500万大奖,您会怎么花?
3. 中了这个"彩",我也太不吉利了。
4. 打了三枪,一枪也没打中。
5. 我们最后选中了大卫来当我们的班长。
6. 猜了好几次,终于让我猜中了。

❋ 更改

Verb: to change, to correct

1. 我们这是电脑排号,不能随便更改。
2. 他们已经更改了公司的地址和名称。
3. 生日怎么能随便更改呢?
4. 公共汽车随便更改路线会给旅客带来很多麻烦。

❋ 完全

Adverb: completely, fully, absolutely, entirely

1. 我们完全同意你的想法。
2. 这样的结果我可完全没有想到。
3. 一个星期以后,小王的病完全好了。

Adjective: complete, conclusive

4. 根据不完全统计，从1987年到现在，中国已经发行了450亿元人民币彩票。

❋ 曾经 (céng)

Adverb: once, formerly

1. 您曾经想过中奖吗？
2. 我几年前曾经来过这儿。
3. 我曾经为他花了很多钱。
4. 她也曾经漂亮过，但那是很多年以前了。（现在不漂亮了）
5. 刚结婚的时候，他曾经幸福了几天。（后来就不幸福了）

❋ －者

Suffix: placed after an adjective or a verb to substitute a noun (person or a thing).

读者 / 作者 / 编者 / 记者 / 工作者 / 消费者 / 调查者 / 胜利者 / 失败者 / 旅游者 / 参观者
老者 / 强者 / 弱者
笔者 / 前者 / 后者 / 二者

1. 在2984名被调查者中，没有一个人中过500万的大奖。
2. 我姐姐是《华侨日报》的记者。
3. 强者越来越强，弱者越来越弱。你认为这样好吗？

❋ 毕竟 (bì jìng)

Adverb: after all; in the final analysis; in the end

1. 能中奖的毕竟是少数人。
2. 他毕竟还小，你就别骂他了。
3. 不管怎么说，毕竟他还是爱你的。
4. 别怪他了，毕竟他的眼睛不太好。

❋ 成

Measure word: one tenth; ten percent

1. 选择最想开公司创业的男性差不多有三成，女性只有一成多一点。
2. 有两成多的女性选择出国旅游，男性却不到一成。
3. 我们班的同学大多数都是中国人，外国人还不到一成。

❋ 意味着

Verb: to mean, to imply, to signify

1. 500万元大奖是不是一定意味着幸福呢？
2. 学会了这个词，意味着你的汉语水平又提高了。
3. 科学的发展意味着人类的进步。
4. 吃得少并不意味着我不喜欢吃。

Unit 5

改写句子

Rewrite the sentences.

1. 如果你写错了，可以在旁边写个对的。
   _____更改_____（更改）

2. 关于这件事，我什么也不知道。
   _____完全_____（完全）

3. 这是小李第二次来上海，上一次还是十年前。
   小李曾经来上海两次（曾经）

4. 我们班的同学中，中国学生占了百分之二十。
   两成（成）

5. 明天是最后一门考试，也就是说，假期马上开始了。
   _____意味着_____（意味着）

文化点 Wénhuàdiǎn Cultural notes

Number Superstition

In Chinese, 518 sounds like the expression I will get rich, which makes it a lucky number. The number 6 is also a lucky number, because it sounds like the word for everything goes smoothly. Many people are even willing to pay high prices for a cell phone number or license plate number that contains as many sixes or eights as possible. The Chinese also have the tradition of picking lucky days from the almanac. Custom has it that major events, like marriage, should be arranged on a date that shares the same pronunciation with a lucky number.

The number 4 sounds like the word for die in Chinese, therefore people seldom want cell phone numbers or license plate numbers that contain 514. Because the fourth floors of apartments or office buildings do not sell well, smart sellers ingeniously change the fourth floor into Floor 3B. However, it all depends on how it is explained, for example, January 4th, 2013, that is, 201314, sounds like love you forever in Chinese, which became the best day for many young people to get married.

Unit 6

Shuāng tǎ duìhuà
双 塔 对 话
A Dialogue Between Two Towers

学习目标
Learning objectives

* 谈论文化交流

  Talking about cultural communication

* 学习相关词汇和表达方式

  Learning related words and expressions

热身 Rèshēn Warm up

💬 世界高塔中，有几座是在亚洲？
How many Asian buildings are there among the highest buildings in the world?

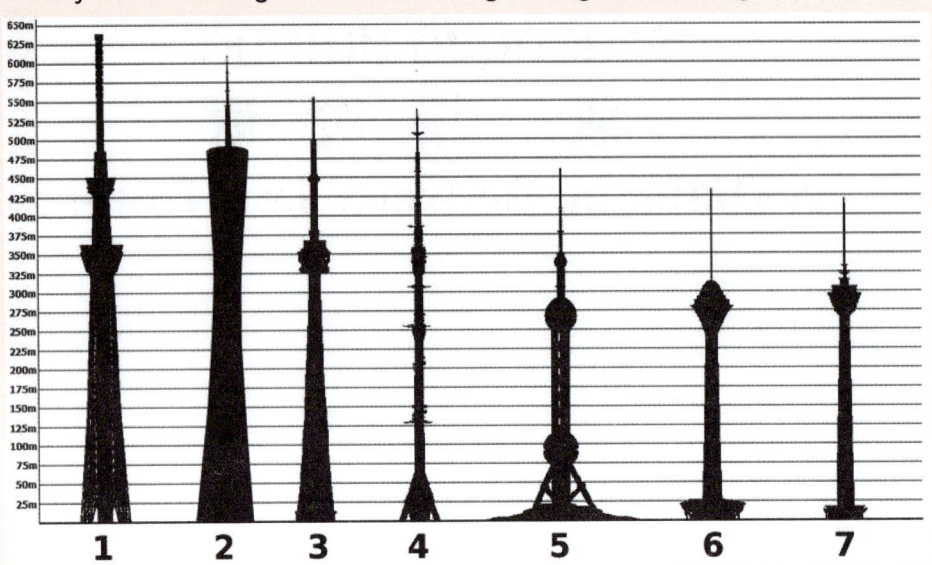

💬 北京时间 22:00 的时候，你现在所处的地方是几点？
What time is it where you are when it is 22:00 in Beijing?

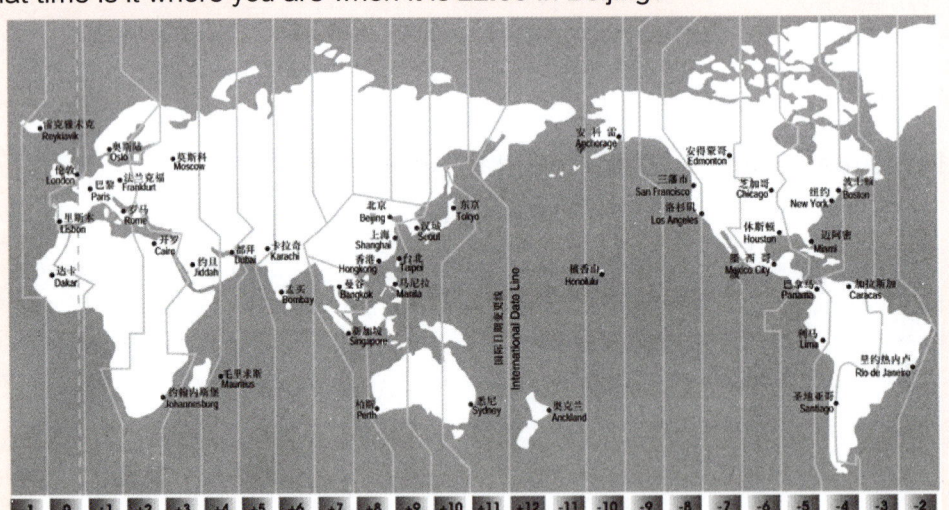

💬 讨论：你觉得东西方有哪些文化差异？考虑到这些差异，你觉得该如何保持不同文化间的和谐共存？
Discussion: What are some cultural differences between the East and the West? Considering the differences, how can different cultures exist harmoniously today?

词语 Cíyǔ Words and Expressions

1.	双	(Adj.)	shuāng	two, double, twin, both, dual
2.	塔	(N.)	tǎ	tower, pagoda
3.	对话	(V.& N.)	duìhuà	(have a) dialogue
4.	世纪	(TW)	shìjì	century
5.	通过	(Prep.& V.)	tōngguò	by way of; via; pass; go through
6.	国际	(N.)	guójì	international
7.	卫星	(N.)	wèixīng	satellite
8.	时差	(N.)	shíchā	time difference; jet lag
9.	夜晚	(TW)	yèwǎn	night
10.	凌晨	(TW)	língchén	early morning; small hours of the morning
11.	标志	(V.& N.)	biāozhì	signify, symbolize; sign, mark, symbol
12.	-性		-xìng	(indicates property, nature, or scope)
13.	建筑	(N.)	jiànzhù	building, architecture
14.	米	(MW)	mǐ	meter
15.	建成		jiànchéng	complete the construction of (building, institute, etc.)
16.	接待	(V.)	jiēdài	receive
17.	元首	(N.)	yuánshǒu	head of a state
18.	先后	(Adv.)	xiānhòu	successively; one after another
19.	不下	(V.)	búxià	go no lower than; get no less than; at least
20.	笑星	(N.)	xiàoxīng	comedian
21.	表示	(V.& N.)	biǎoshì	express, indicate; expression, indication
22.	祝福	(V.& N.)	zhùfú	bless; wish sb. well being; blessing, benediction
23.	接着	(Conj. & Adv.)	jiēzhe	then
24.	总经理	(N.)	zǒngjīnglǐ	general manager
25.	地球村	(N.)	dìqiúcūn	global village
26.	村民	(N.)	cūnmín	villager

Unit 6

27. 宣布	(V.)	xuānbù	announce
28. 正式	(Adj.)	zhèngshì	formal
29. 成为	(V.)	chéngwéi	become
30. 友好	(Adj.)	yǒuhǎo	friendly
31. 气氛	(N.)	qìfēn	atmosphere
32. 热烈	(Adj.)	rèliè	warm, enthusiastic
33. 经历	(N.& V.)	jīnglì	experience; undergo
34. 美好	(Adj.)	měihǎo	beautiful, glorious, bright, wonderful
35. 大夫	(N.)	dàifu	doctor
36. 挽救	(V.)	wǎnjiù	save
37. 生命	(N.)	shēngmìng	life
38. 女士	(N.)	nǚshì	lady (after married)
39. 祝愿	(V.& N.)	zhùyuàn	wish

Proper nouns

40. 上海东方明珠广播电视塔	Shànghǎi Dōngfāng Míngzhū Guǎngbō Diànshì Tǎ	Shanghai Oriental Pearl Tower
41. 加拿大国家电视塔（多伦多）	Jiānádà Guójiā Diànshì Tǎ (Duōlúnduō)	Canada's National Tower (Toronto)
42. 亚洲	Yàzhōu	Asia
43. 大山	Dàshān	(name of a person, Mark Rosewell)
44. 东方电视台	Dōngfāng Diànshìtái	Oriental Television Station
45. 袁鸣	Yuán Míng	(name of a person)
46. 多伦多大学	Duōlúnduō Dàxué	University of Toronto
47. 白求恩	Báiqiú'ēn	Henry Norman Bethune

⚙ 用本课的生词填空

Fill in the blanks with the new words and expressions in this text.

1. 两国元首通过国际卫星进行了友好的 <u>对话</u>。
2. 因为 <u>时差</u> 关系，北京凌晨的时候，纽约正是夜晚。
3. 很多城市把电视台的高塔作为城市的标志性 <u>建筑</u>。

4. 这位著名笑星曾经受到过很多国家元首的 __接待__ 。
5. 总经理代表公司向全部员工 __宣布__ 了新年的祝福。
6. 网络让我们这个世界 __成为__ 了一个小小的"地球村"。
7. 在会议上，每个人都发表了自己的看法，对话的气氛很 __热烈__ 。
8. 出国留学是我生命中最美好的一段 __经历__ 。
9. 医生的工作可以 __挽救__ 别人的生命，是一种伟大的职业。
10. 在新的一年里， __祝愿__ 你天天开心，事事顺利！

课文 Kèwén Yī Text

双塔对话

21世纪的第一天，北京时间22点，中国上海东方明珠广播电视塔和加拿大多伦多国家电视塔，通过国际卫星，进行了一次一个多小时的"世纪对话"。

上海和多伦多有13个小时的时差，这时，一个是夜晚，一个是凌晨。

东方明珠塔是上海市的标志性建筑，高468米。从1994年建成到2000年，她一共接待了1300多万国内外旅游者。世界上175位国家元首先后登上了东方明珠电视塔。

多伦多电视塔高553.3米，也是多伦多市的标志性建筑，1976年6月26日正式对外开放，每年接待的旅游者不下200万。

双塔对话开始了，在多伦多电视塔，中国人民非常熟悉的加拿大笑星大山用英语和汉语向两国两地的人民问好；在上海的东方明珠塔，东方电视台的著名节目主持人袁鸣也用汉语和英语向两国两地的人民表示了祝福。

接着，两个高塔的总经理通过卫星互相问好，他们高兴地说：虽然我们两个塔离得很远，但是，我们都是"地球村"的村民。他们宣布，在新世纪的第一天，两座高塔正式成为"友好塔"。

不管是在上海还是在多伦多，两座塔里面的气氛都非常热烈。上海和多伦多的两位世纪老人谈起了两个国家一百多年来的不同经历；复旦大学和多伦多大学的学生们谈起了新世纪的美好明天；一位上海老人讲起了白求恩大夫挽救他生命的故事；一位加拿大女士告诉人们她为什么在上海生活了48年，为什么把上海当作自己的第二个家乡……

最后，大家一起祝愿两国人民：明天生活更美好！

> The Canadian doctor, Norman Bethune, was born in Ontario. He graduated from medical school at the University of Toronto and later led a medical team, composed of Canadians and Americans, to China to support the War of Resistance against Japan. He helped Chinese soldiers and civilians with his extraordinary medical skills, made great contributions to the cause of the Chinese people's liberation, and became a figure known to every household in China.

Shuāng tǎ duìhuà

Èrshíyī shìjì de dì-yī tiān, Běijīng shíjiān èrshí'èr diǎn, Zhōngguó Shànghǎi Dōngfāng Míngzhū Guǎngbō Diànshì Tǎ hé Jiānádà Duōlúnduō Guójiā Diànshì Tǎ, tōngguò guójì wèixīng, jìnxíngle yí cì yí gè duō xiǎoshí de "shìjì duìhuà".

Shànghǎi hé Duōlúnduō yǒu shísān gè xiǎoshí de shíchā, zhèshí, yí gè shì yèwǎn, yí gè shì língchén.

Dōngfāng Míngzhū Tǎ shì Shànghǎi Shì de biāozhìxìng jiànzhù, gāo sībǎi liùshíbā mǐ. cóng yī jiǔ jiǔ sì nián jiànchéng dào èr líng líng nián, tā yígòng jiēdàile yìqiān sānbǎi duō wàn guónèiwài lǚyóuzhě. Shìjiè shang yìbǎi qīshíwǔ wèi guójiā yuánshǒu xiānhòu dēngshàngle Dōngfāng Míngzhū Diànshì Tǎ.

Duōlúnduō Diànshì Tǎ gāo wǔbǎi wǔshísān diǎn sān mǐ, yě shì Duōlúnduō Shì de biāozhìxìng jiànzhù, yī jiǔ qī liù nián liù yuè èrshíliù rì zhèngshì duìwài kāifàng, měi nián jiēdài de lǚyóuzhě búxià èrbǎiwàn.

Shuāng Tǎ duìhuà kāishǐ le, zài Duōlúnduō Diànshì Tǎ, Zhōngguó rénmín fēicháng shúxi de Jiānádà xiàoxīng Dàshān yòng Yīngyǔ hé Hànyǔ xiàng liǎng guó liǎng dì de rénmín wènhǎo; zài Shànghǎi de Dōngfāng Míngzhū Tǎ, Dōngfāng Diànshìtái de zhùmíng jiémù zhǔchírén Yuán Míng yě yòng Hànyǔ hé Yīngyǔ xiàng liǎng guó liǎng dì de rénmín biǎoshìle zhùfú.

Jiēzhe, liǎng gè gāo tǎ de zǒngjīnglǐ tōngguò wèixīng hùxiāng wènhǎo, tāmen gāoxìng de shuō: Suīrán wǒmen liǎng gè tǎ lí de hěn yuǎn, dànshì, wǒmen dōu shì "Dìqiúcūn" de cūnmín. Tāmen xuānbù, zài xīn shìjì de dì-yī tiān, liǎng zuò gāo tǎ zhèngshì chéngwéi "yǒuhǎo tǎ".

Bùguǎn shì zài Shànghǎi háishi zài Duōlúnduō, liǎng zuò tǎ lǐmiàn de qìfēn dōu fēicháng rèliè. Shànghǎi hé Duōlúnduō de liǎng wèi shìjì lǎorén tánqǐle liǎng gè guójiā yìbǎi duō nián lái de bùtóng jīnglì; Fùdàn Dàxué hé Duōlúnduō Dàxué de xuéshengmen tánqǐle xīn shìjì de měihǎo míngtiān; yì wèi Shànghǎi lǎorén jiǎngqǐle Báiqiú'ēn dàifu wǎnjiù tā shēngmìng de gùshi; yí wèi Jiānádà nǚshì gàosu rénmen tā wèi shénme zài Shànghǎi shēnghuóle sìshíbā nián, wèi shénme bǎ Shànghǎi dàngzuò zìjǐ de dì-èr gè jiāxiāng …

Zuìhòu, dàjiā yìqǐ zhùyuàn liǎng guó rénmín: míngtiān shēnghuó gèng měihǎo!

○ 根据课文回答问题

Answer questions according to the text.

1. 上海东方明珠广播电视塔和多伦多电视塔的对话是什么时候进行的？进行了多长时间？

2. 上海和多伦多有几个小时的时差？
3. 上海东方明珠广播电视塔有多高？是什么时候建成的？
4. 多伦多电视塔有多高？它是哪一年建成的？
5. 大山是谁？他会说汉语吗？
6. 两个高塔的总经理通过卫星说了些什么？
7. 上海东方明珠广播电视塔和多伦多电视塔是从什么时候开始正式成为"友好塔"的？
8. 双塔之中的气氛怎么样？
9. 复旦大学和多伦多大学的学生们谈起了什么？
10. 那位加拿大女士在上海生活了多少年？她把上海当成了什么？

✿ 根据课文和你的实际情况，填写下面的表格。
Fill in the table according to the text and your own situation.

	上海的地标 Landmark in Shanghai	我家乡的地标 Landmark in my hometown	印象最深刻的建筑 Most impressive building
特点 Characteristics			
建成时间 Time of the building			
吸引游客数量 The amount of tourists it attracts			

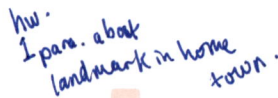

词语学习 Cíyǔ xuéxí Word practice

❀ 双

双 -

Adjective：two, double, twin, even, dual, both

双塔 / 双手 / 双眼 / 双脚 / 双方 / 双数 / 双号 / 双层 / 双料 / 双份儿

双赢 / 双打 / 双击 / 双丰收

Measure word：pair

一双手 / 一双鞋（xié, shoe）/ 两双筷子（kuàizi, chopsticks）/ 几双袜子 / 一双大大的眼睛

❀ 通过

Verb：to pass; go through; to adopt

1. 队伍慢慢地从主席台前通过。
2. 汽车要通过一片沙漠才能到达那儿。
3. 那天的大会只通过了一项决议。
4. 我提出的方案已经通过了。

Preposition：by way of; through, via
5. 中国上海东方明珠广播电视塔和加拿大多伦多电视塔,通过国际卫星,进行了一次一个多小时的"新世纪对话"。
6. 两个高塔的总经理通过卫星互相问好。
7. 我们要通过听和说来提高自己的汉语水平。
8. 通过看电影,我学到了许多书本上学不到的东西。

－性

Suffix：indicating a property or characteristic
天性 / 药性 / 科学性 / 技术性 / 时间性 / 地方性
计划性 / 创造性 / 适应性 / 可看性
热性 / 共性 / 个性 / 可靠性 / 实用性 / 严重性 / 可能性
标志性建筑 / 历史性事件 / 先天性心脏病
综合性杂志 / 硬性规定 / 流行性感冒

不下

Verb：go no lower than; get no less than; be at least. It is equivalent to 不少于.
1. 每年接待的旅游者不下 200 万。
2. 我找了你不下 10 次,可每次你都不在家。
3. 我们学校的留学生不下千人。

－星

Suffix：-star
笑星 / 歌星 / 影星 / 球星 / 明星 / 新星
1. 中国人民非常熟悉的加拿大笑星大山用英语和汉语向两国两地的人民问好。
2. 他妹妹既是一位著名的歌星,又是一位著名的影星。
3. 小王是我们学校的一颗新星。

热烈

Adjective：warm, enthusiastic
1. 两座塔里面的气氛非常热烈。
2. 这件事在中国引起了热烈的讨论。
3. 会上的讨论非常热烈。
4. 大家讨论得很热烈。

5. 热烈欢迎您的到来。

接着

Verb：carry on; to continue
1. 我已经说完了，你接着说吧。
2. 小王走了，你接着做下去吧。

Conjunction：then; right afterward; next
3. 小王刚刚离开，接着，小李也走了。
4. 接着，两个高塔的总经理通过卫星互相问好。

正式

Adjective：formal, official
1. 他们宣布，在新世纪的第一天，两座高塔正式成为"友好塔"。
2. 我们只是练习，不是正式比赛。
3. 中美双方的正式会谈是在非常友好的气氛中进行的。
4. 他不是我们学校的正式学生。

改写句子

Rewrite the sentences.
1. 我要一张能睡两个人的床。
   _____双人_____（双）
2. 这种纸水杯只能用一次。
   _____一次性_____（-性）
3. 看您的年龄，应该有六十岁以上了吧。
   _____不下_____（不下）
4. 他的梦想是当著名足球运动员。
   _____名星_____（-星）
5. 我先进去，你再进去。
   _____接着_____（接着）
6. 去参加晚会，不能穿得太随便。
   _____正式_____（正式）

文化点 Wénhuàdiǎn Cultural notes

Skyscrapers and the Height of China

Beginning with the first wave of skyscrapers in Lujiazui, Shanghai in the 1980s, the number of skyscrapers in China has increased along with the economy. Some cities are even in the grip of skyscraper fever. Skyscrapers are gradually becoming an outer symbol of a city's prosperity.

The building of skyscrapers, apart from being a symbol of a booming economy, also reflects the worship of grandeur in traditional Chinese culture. From the immense imperial palaces to the renowned Great Wall, from the world's largest Three Gorges Hydro-Power Project to the world's longest high-speed rail, and from the submarine Jiaolong to the moon-landing spacecraft Chang'e, these great human projects have marked a new height that China can reach.

Unit 7

Wǎng shàng wǎng xià
网 上 网 下
Online, Offline

学习目标
Learning objectives

* 谈论网络生活

  Talking about Internet life

* 表达劝说和解释

  Expressing advice and explanations

* 了解当代中国人的网络生活

  Understanding the Internet culture of contemporary Chinese people

* 学习相关词语和表达方式

  Learning related words and expressions

热身 Rèshēn Warm up

猜一猜这些网络用语是什么意思？
Guess the meaning of the following Internet slangs.

GG   PLMM   886   ORZ   恐龙   高富帅   水军   菜鸟

你每周上网的时间大概是多少小时？上网都做什么？
How many hours do you spend on the Internet per week? What do you usually do on the Internet?

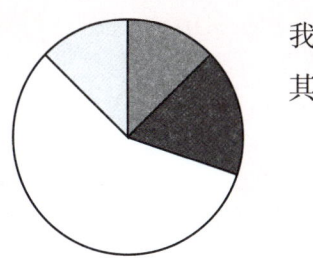

我每周上网大概有 _____ 个小时
其中，看新闻报道 _____ 个小时
　　　聊天　　　 _____ 个小时
　　_____　　 _____ 个小时
　　_____　　 _____ 个小时

Unit 7

词语 Cíyǔ Words and Expressions

Text 1

1.	网	(N.)	wǎng	net
2.	上网		shàngwǎng	surf the Internet
3.	猜	(V.)	cāi	guess
4.	得了		déle	that's enough
5.	卖关子		mài guānzi	keep people guessing/in suspense
6.	自然	(N. & Adj.& Adv.)	zìrán	nature; natural(ly)
7.	难看	(Adj.)	nánkàn	ugly, homely
8.	网恋	(N.& V.)	wǎngliàn	(have) online romance
9.	真	(Adj.)	zhēn	real, true
10.	游戏	(V.& N.)	yóuxì	play; game
11.	规则	(N.)	guīzé	rule
12.	商量	(V.)	shāngliang	discuss
13.	婚礼	(N.)	hūnlǐ	wedding

Text 2

14.	太祖母	(N.)	tàizǔmǔ	great grandmother
15.	网民	(N.)	wǎngmín	netizen
16.	网虫	(N.)	wǎngchóng	devoted Internet user; Internet fanatic
17.	抱	(V.)	bào / pao	cradle; carry in the arms; embrace, hug
18.	突然	(Adj.)	tūrán	sudden
19.	大吃一惊		dàchī-yìjīng	be quite taken aback/be greatly surprised
20.	机会	(N.)	jīhuì	chance, opportunity
21.	主动	(Adj.)	zhǔdòng	initiative
22.	认真	(Adj.)	rènzhēn	conscientious, earnest, serious
23.	刻苦	(Adj.)	kèkǔ	assiduous, hardworking
24.	熟练	(Adj.)	shúliàn	skillful, proficient

25.	网站	(N.)	wǎngzhàn	website
26.	戏剧	(N.)	xìjù	drama, play, theater
27.	大观	(V.)	dàguān	magnificent sight; grand spectacle
28.	唱段	(N.)	chàngduàn	aria
29.	泡	(V.)	pào	be immersed in; be absorbed in; soak in
30.	网络	(N.)	wǎngluò	(computer) network
31.	局限	(V.)	júxiàn	limit, confine
32.	听戏			tīng xì	listen to an operatic performance
33.	投入	(V.& Adj.)	tóurù	indulge in; absorbed in; devoted, absorbed
34.	槐树	(N.)	huáishù	locust tree
35.	慌张	(Adj.)	huāngzhāng	flurried, flustered
36.	终于	(Adv.)	zhōngyú	finally
37.	发展	(V.& N.)	fāzhǎn	develop; development
38.	坦率	(Adj.)	tǎnshuài	frank, candid, straightforward
39.	喜糖	(N.)	xǐtáng	wedding candy
40.	孤独	(Adj.)	gūdú	lonely
41.	白雪公主		báixuě gōngzhǔ	Snow White
42.	白马王子		báimǎ wángzǐ	Prince Charming
43.	丑小鸭		chǒuxiǎoyā	Ugly Duckling

用本课的生词填空

Fill in the blanks with the new words and expressions in this text.

1. 网上的东西比网下便宜，你还是_____买吧。
2. 我_____不出来，你就别卖关子了，直接说吧。
3. _____就是网上的恋爱，有真有假，不能全信。
4. 开车要遵守交通_____。
5. 两家父母在一起_____孩子的婚礼怎么办。
6. 他离开网络就活不了，是一个绝对的_____。
7. 太祖母是个戏剧迷，每天 ~~才包~~ _____在戏院里听戏。
8. 只要你认真学习，刻苦努力，一定能 熟练 _____掌握汉语。
9. 他干了一夜的活儿，_____做完了。
10. 你什么时候结婚啊？我们都在等吃你的_____呢。

课文一 Kèwén Yī Text 1

千万别见面

（在一家小饭店）

张　天：你们也不等我就喝起来了。

马　丁：你不是和你的白雪公主约会去了吗？怎么这么早就回来了？

张　天：别提了，什么白雪公主？网上的人根本就不能相信！

高一飞：是不是长得不够漂亮？

张　天：如果只是长得不够漂亮，那倒没什么。我也不是什么白马王子。可你们猜猜，跟我见面的白雪公主是谁？

高一飞：得了，你就别卖关子了，我们哪儿猜得出来？

张　天：马丁自然猜不出来，可是，你高一飞应该能猜得出来，她呀，就是咱们大学时候的同学，最难看的那个丑小鸭！

高一飞：哈哈哈！

马　丁：你笑什么呀？

高一飞：上大学时，她就喜欢张天，没想到，在网上又……

张　天：别笑了行不行？

马　丁：好了，喝酒，喝酒！

高一飞：我早就跟你说过，网恋虽然浪漫，但是不能相信。因为你不和别人说真话，别人当然也不会跟你说真话。

马　丁：<u>就是</u>。网恋是一种游戏，最大的规则是千万别见面。

> This expression is used to give a positive confirmation of, or express agreement with what one hears.

高一飞：哎呀，不早了，我得去上网，<u>跟我的那位商量结婚的事儿</u>了。下星期天晚上8点，你们都要参加我的婚礼啊！

> In spoken language, 我的那位 or 我们那位 usually means one's wife or husband. Here it means "my" girlfriend.

张天/马丁：放心吧，网上见。

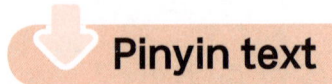

Qiānwàn Bié Jiànmiàn

(zài yì jiā xiǎo fàndiàn)

Zhāng Tiān: Nǐmen yě bù děng wǒ jiù hē qǐlai le.

Mǎdīng: Nǐ bú shì hé nǐ de báixuě gōngzhǔ yuēhuì qù le ma? Zěnme zhème zǎo jiù huílai le?

Zhāng Tiān: Bié tí le, shénme báixuě gōngzhǔ? Wǎng shang de rén gēnběn jiù bùnéng xiāngxìn!

Gāo Yīfēi: Shì bu shì zhǎng de bú gòu piàoliang?

Zhāng Tiān: Rúguǒ zhǐ shì zhǎng de bú gòu piàoliang, nà dào méi shénme. Wǒ yě bú shì shénme báimǎ wángzǐ. Kě nǐmen cāicai, gēn wǒ jiànmiàn de báixuě gōngzhǔ shì shuí?

Gāo Yīfēi: Dé le, nǐ jiù bié màiguānzi le, wǒmen nǎr cāi de chūlai?

Zhāng Tiān: Mǎdīng zìrán cāi bù chūlai, kěshì, nǐ Gāo Yīfēi yīnggāi néng cāi de chūlai, tā ya, jiù shì zánmen dàxué shíhou de tóngxué, zuì nánkàn de nàge chǒuxiǎoyā!

Gāo Yīfēi: Hāhaha!

Mǎdīng: Nǐ xiào shénme ya?

Gāo Yīfēi: Shàng dàxué shí, tā jiù xǐhuan Zhāng Tiān, méi xiǎngdào, zài wǎng shang yòu …

Zhāng Tiān: Bié xiàole xíng bu xíng?

Mǎdīng: Hǎo le, hē jiǔ, hē jiǔ!

Gāo Yīfēi: Wǒ zǎojiù gēn nǐ shuōguo, wǎngliàn suīrán làngmàn, dànshì bùnéng xiāngxìn. Yīnwèi nǐ bù hé biéren shuō zhēnhuà, biéren dāngrán yě bú huì gēn nǐ shuō zhēnhuà.

Mǎdīng: Jiù shì. Wǎngliàn shì yì zhǒng yóuxì, zuì dà de guīzé shì qiānwàn bié jiànmiàn.

Gāo Yīfēi: Āiyā, bù zǎo le, wǒ děi qù shàngwǎng, gēn wǒ de nà wèi shāngliang jiéhūn de shìr le. Xià xīngqītiān wǎnshang bā diǎn, nǐmen dōu yào cānjiā wǒ de hūnlǐ a!

Zhāng Tiān / Mǎdīng: Fàngxīn ba, wǎng shang jiàn.

根据课文回答问题
Answer questions according to the text.

1. 张天跟谁去约会了?
2. 张天的"白雪公主"是谁?漂亮不漂亮?
3. 高一飞为什么笑起来了?
4. 高一飞觉得网恋怎么样?
5. 马丁认为网恋最重要的规则是什么?
6. 高一飞的婚礼什么时候、在什么地方举行?

根据课文填空
Fill in the blanks according to the text.

张天是个网虫,最喜欢在网上和美女_____。他有个女网友,看照片还挺_____,张天叫她"白雪公主",这位美女叫张天"白马_____"。两个人聊得挺开心,就决定在网下_____。没想到,见了面才发现,这个白雪公主长得_____,还是张天的大学老同学。上大学_____,她就喜欢张天。没想到,丑小鸭在网上变成了他的"白雪公主"。看来,这网恋真不能_____,网恋就是一种_____,最大的规则就是_____别见面。

课文二 Kèwén Èr Text 2

网虫

我太祖母今年98岁,上网已经有两年多了。

我没有进行过调查,不知道太祖母是不是世界上年纪最大的网民,但我知道像她这么大年纪的网虫肯定不多。

我的电脑买回家以后,我上网时太祖母就抱着我家的小猫在旁边看着。有一天,太祖母突然对我说:"你教我上网吧。"我大吃一惊。但是马上被她的话感动了。于是我就告诉太祖母怎么上网,还经常把上网的机会主动地让给她。她学得很认真,也很刻苦,不到两个月的时间,太祖母就能熟练地上网了。

太祖母经常去的网站是戏剧大观，那里有最著名的京剧唱段，想听什么就听什么。太祖母是个京剧迷，发现这个网站以后，就经常泡在里面，一边听，一边唱。这个时候，虽然我很想上网，但是也没有办法。

看过我上网聊天以后，太祖母的网络生活就不仅仅局限在听戏了。一天晚上，我回房间拿东西，发现太祖母正在很投入地和一位叫"老槐树"的网虫聊天。见我进来，太祖母显得很慌张。好几天她都是这样。我终于忍不住了，就问她："太祖母，您和'老槐树'的关系发展得怎么样了？"没想到太祖母很坦率地说："很好啊。"我又问："那什么时候吃您的喜糖呀？"太祖母莫名其妙地看着我，说："你想到哪儿去了！'老槐树'是个86岁的老奶奶，我们都没了老伴儿，孤独的时候就上网聊聊，这生活才有意思……"

> The candies that Chinese people give to relatives and guests at their weddings are called "wedding candies." This sentence means "When are you getting married? 您什么时候结婚呀？" One can also say, "When will I get to drink your wedding wine? 什么时候喝您的喜酒呀？"

> This means, "I became a widow (or widower)."

⬇ Pinyin text

Wǎngchóng

Wǒ tàizǔmǔ jīnnián jiǔshíbā suì, shàngwǎng yǐjīng yǒu liǎng nián duō le.

Wǒ méiyǒu jìnxíngguo diàochá, bù zhīdao tàizǔmǔ shì bu shì shìjiè shang niánjì zuì dà de wǎngmín, dàn wǒ zhīdao xiàng tā zhème dà niánjì de wǎngchóng kěndìng bù duō.

Wǒ de diànnǎo mǎihuí jiā yǐhòu, wǒ shàngwǎng shí tàizǔmǔ jiù bàozhe wǒ jiā de xiǎo māo zài pángbiān kànzhe. Yǒu yì tiān, tàizǔmǔ tūrán duì wǒ shuō: "Nǐ jiāo wǒ shàngwǎng ba." Wǒ dàchī-yìjīng. Dànshì mǎshàng bèi tā de huà gǎndòng le. Yúshì wǒ jiù gàosu tàizǔmǔ zěnme shàngwǎng, hái jīngcháng bǎ shàngwǎng de jīhuì zhǔdòng de ràng gěi tā. Tā xué de hěn rènzhēn, yě hěn kèkǔ, bú dào liǎng gè yuè de shíjiān, tàizǔmǔ jiù néng shúliàn de shàngwǎng le.

　　Tàizǔmǔ jīngcháng qù de wǎngzhàn shì Xìjù Dàguān, nàli yǒu zuì zhùmíng de jīngjù chàngduàn, xiǎng tīng shénme jiù tīng shénme. Tàizǔmǔ shì gè jīngjùmí, fāxiàn zhège wǎngzhàn yǐhòu, jiù jīngcháng pào zài lǐmiàn, yìbiān tīng, yì biān chàng. zhège shíhou, suīrán wǒ hěn xiǎng shàngwǎng, dànshì yě méiyǒu bànfǎ.

　　Kànguo wǒ shàngwǎng liáotiān yǐhòu, tàizǔmǔ de wǎngluò shēnghuó jiù bùjǐnjǐn júxiàn zài tīng xì le. Yì tiān wǎnshang, wǒ huí fángjiān ná dōngxi, fāxiàn tàizǔmǔ zhèngzài hěn tóurù de hé yí wèi jiào Lǎohuáishù de wǎngchóng liáotiān. Jiàn wǒ jìnlai, tàizǔmǔ xiǎnde hěn huāngzhāng. Hǎo jǐ tiān tā dōu shì zhèyàng. Wǒ zhōngyú rěnbuzhù le, jiù wèn tā: "Tàizǔmǔ, nín hé Lǎohuáishù de guānxi fāzhǎn de zěnmeyàng le?" Méi xiǎngdào tàizǔmǔ hěn tǎnshuài de shuō: "Hěn hǎo a." Wǒ yòu wèn: "Nà shénme shíhou chī nín de xǐtáng ya?" Tàizǔmǔ mòmíng-qímiào de kànzhe wǒ, shuō: "Nǐ xiǎngdào nǎr qù le! 'lǎo huáishù' shì gè bāshíliù suì de lǎoǎinai, wǒmen dōu méile lǎobànr, gūdú de shíhou jiù shàngwǎng liáoliao, zhè shēnghuó cái yǒuyìsi ..."

根据课文回答问题
Answer questions according to the text.
1. 我太祖母是什么时候开始上网的?
2. 太祖母学习上网学得怎么样?
3. 太祖母花了多长时间就能熟练地上网了?
4. 开始的时候，太祖母最常去的网站是什么?
5. 看过我网上聊天儿以后，太祖母的网络生活发生了什么样的变化?
6. 太祖母的网友是谁？男的还是女的?
7. 我为什么问太祖母什么时候吃她的喜糖?
8. 太祖母真的是在网恋吗?

根据课文和你的实际情况，填写下面的表格。
Fill in the table according to the text and your own situation.

	年龄	网龄	常去的网站	在网上做什么
课文里的"奶奶"	98	~2	戏居剧大观	liao tran 聊天
我爸爸				
我自己	19	11	YOUTUBE, facebook	看电ying, 说话,看书

词语学习 Cíyǔ xuéxí Word practice

❖ 网

Noun: net, web

This character was originally used to signify any form of net or networks. With the widespread use of the Internet, it has almost solely been used to describe computer networks. It also has strong word-forming potential. For example:

网球

鱼网 / 电网 / 交通网 / 教育网

网络 / 上网 / 网民 / 网虫 / 网友 / 网恋 / 网站 / 网吧（bā, Internet bar）

1. 网恋虽然浪漫，但是不能相信。
2. 我得去上网，跟我的那位商量结婚的事儿了。
3. 我没有进行过调查，不知道太祖母是不是世界上年纪最大的网民，但我知道像她这么大年纪的网虫肯定不多。

❖ 自然 *(zi ran)*

Noun: nature

1. 我们都应该热爱大自然，保护大自然。
2. 自然界的一切都是那么美好！

Adjective: natural

3. 在撒谎的时候，她的表情也很自然。
4. 虽然这只是第一次，但是她表演得很自然。

Adverb: naturally, accordingly

5. 是啊，你们自然猜不出来，她就是咱们大学时候的同学，最难看的那个丑小鸭！
6. 只要努力学习，自然会取得好成绩。
7. 别问了，明天你自然会明白的。

❖ 难看

Adjective: ugly, homely

1. 是啊，你们自然猜不出来，她就是咱们大学时候的同学，最难看的那个丑小鸭！
2. 他的女朋友长得很难看，但性格很温柔。
3. 这么难看的衣服，我才不要呢！
4. 你是不是病了，脸色这么难看？
5. 瞧，咱们经理的脸色多难看，肯定又生气了。

突然

Adjective: sudden, unexpected

1. 有一天，太祖母突然对我说："你教我上网吧。"
2. 他说着说着，突然停了下来。
3. 这一突然事件让他的生活跟以前不一样了。
4. 这件事儿确实太突然了。
5. 事情发生得太突然了，我们一点儿准备都没有。

泡 (pào)

Verb: be immersed in; be absorbed in; soak in

1. 水把我的手都泡白了。
2. 我的朋友们都很喜欢泡酒吧。
3. 太祖母是个京剧迷，发现这个网站以后，就经常泡在里面，一边听，一边唱。

终于

Adverb: finally; at last

1. 一个小时以后，他终于来了。
2. 我终于忍不住了，就问她：……
3. 在中国学了两年以后，他终于能说一口流利的汉语了。
4. 他说起话来没完没了，我终于忍不住了。

改写句子

Rewrite the sentences.

1. 这件衣服没有那件衣服好看。
   这件衣服比那件衣服难看（难看）
2. 他正在洗澡，有人给他打电话。
   突然给他（突然）
3. 他每天从早上到晚上都在图书馆学习。
   他每天都泡在图书馆（泡）
4. 写了一天的作业，<u>总算</u>写完了。
   终于（终于）
5. 她是一位经验丰富的演员，一点看不出她是在表演。
   她表演很自然（自然）

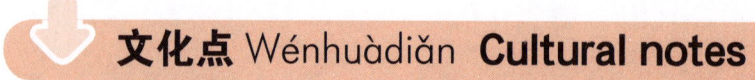

Internet Development in China

According to statistics, at the end of 2013, the number of Internet users in China had exceeded 600 million, with an approximate 50% penetration rate. Online games, shopping and social networking websites are the most well-developed sections.

In China, there are mainly three network providers: China Mobile, China Unicom and China Telecom. Websites that have the largest data flow include searching engines like Baidu and Sougou; portals like Tencent and Sina; social networks like Sina Weibo and Renren; E-commerce websites like Taobao and Jingdong, etc.

Unit 8

Nánnǚ píngděng
男女平等
Gender Equality

学习目标
Learning objectives

* 谈论男女性别的社会差异

  Talking about the social difference between genders

* 表达反问与质疑

  Asking rhetorical questions and expressing doubt

* 了解当代中国社会的妇女地位

  Understanding women's status in contemporary Chinese society

* 学习相关词语和表达方式

  Learning related words and expressions

热身 Rèshēn **Warm up**

💬 你觉得男人和女人有哪些不同?
What do you think are the differences between men and women?

💬 你父母谁的收入高？谁做家务多？
Which of your parents has a higher income? Who does more housework?

词语 Cíyǔ Words and Expressions

Text 1

1.	平等	(Adj.& N.)	píngděng	equal; equality
2.	锅	(N.)	guō	pan, pot, boiler, steamer
3.	碗	(N.)	wǎn	bowl
4.	筷子	(N.)	kuàizi	chopstick
5.	老婆	(N.)	lǎopo	wife
6.	瓢	(N.)	piáo	(gourd) ladle
7.	盆	(N.)	pén	basin, bowl
8.	做饭		zuò fàn	cook a meal
9.	废话	(V.& N.)	fèihuà	speak nonsense; nonsense; superfluous talk
10.	老公	(N.)	lǎogōng	husband
11.	擦	(V.)	cā	wipe, scrub
12.	湿漉漉	(Adj.)	shīlùlù	wet, damp

Text 2

13.	社会	(N.)	shèhuì	society
14.	地位	(N.)	dìwèi	status, position, place
15.	老生常谈		lǎoshēng-chángtán	platitude, clichés
16.	话题	(N.)	huàtí	subject; topic of conversation
17.	现代	(Adj.)	xiàndài	modern
18.	面对	(V.)	miànduì	confront, face
19.	自	(Prep.)	zì	from
20.	家庭	(N.)	jiātíng	family
21.	巨大	(Adj.)	jùdà	great, huge, tremendous, enormous
22.	压力	(N.)	yālì	pressure
23.	主	(V.)	zhǔ	be in charge of; take care of; preside over
24.	观念	(N.)	guānniàn	idea, concept; point of view

Unit 8

25. 以……为……		yǐ … wéi …	take sth./sb. as; regard sth./sb. as
26. 突出	(Adj.)	tūchū	prominent, outstanding
27. 自觉	(Adj.)	zìjué	conscious
28. 充当	(V.)	chōngdāng	act as; serve as
29. 顶梁柱	(N.)	dǐngliángzhù	pillar, backbone
30. 角色	(N.)	juésè	role, part
31. 责任	(N.)	zérèn	responsibility, duty
32. 必须	(Adv.)	bìxū	must
33. 放松	(V.)	fàngsōng	relax
34. 承受	(V.)	chéngshòu	withstand, endure, bear
35. 随着	(Prep.)	suízhe	along with
36. 时代	(N.)	shídài	era, age, epoch
37. 变化	(V. & N.)	biànhuà	change
38. 同样	(Adj.)	tóngyàng	same, similar
39. 崛起	(V.)	juéqǐ	rise to prominence
40. 贤妻良母		xiánqī-liángmǔ	virtuous wife and capable mother
41. 承担	(V.)	chéngdān	bear, undertake, assume
42. 负担	(V.& N.)	fùdān	bear, assume; burden, encumbrance
43. 酸甜苦辣		suān-tián-kǔ-là	joys and sorrows of life (literally: sour, sweet, bitter, spicy)

用本课的生词填空

Fill in the blanks with the new words and expressions in this text.

1. 在他们家，子女可以直接称呼父母的名字，真够_____的。
2. 在我们家，爸爸负责做饭，妈妈负责刷锅洗_____。
3. 我们要以经济建设___为___中心来开展工作。
4. 工作中要少说_____，多干实事。
5. 刚下过雨，地上_____的，小心滑倒。
6. 在传统上，男人的社会地位高，但经济_____也大。
7. 爱情与家庭是一个_____的话题，也是一个常谈常新的话题。
8. 买了房子以后，他就承担了很大的经济负担，工作一点儿也不敢_____。
9. 随着时代的发展，很多观念也在发生_____。
10. 生活中总是充满了_____，不可能事事顺心。

课文一 Kèwén Yī Text 1

我做饭你洗碗

（马丁和李小雨是一对刚结婚不久的小夫妻，晚饭后，马丁很自然地坐在沙发上，拿起电视机的遥控器，打开了电视机的体育频道。李小雨不满地看了他一眼）

李小雨：事情都干完了吗？又看电视。

马　丁：还有什么事儿？

李小雨：锅呢？碗呢？筷子呢？你今天还不洗？

马　丁：哎呀，老婆，不就洗洗锅碗瓢盆嘛，你就洗一洗呗。

李小雨：不行，我们说好的，我做饭你洗碗，你做饭我

> "There you are watching TV again." This is equivalent to "Why are you watching TV again? 你怎么又在看电视？" It means, "You shouldn't be watching TV again. 你现在不应该又在看电视。"

> These are colloquial expressions used between husbands and wives. Educated people will not usually use these terms in public.

洗碗。

马　丁：可是今天……

李小雨：今天怎么啦？饭难道不是我做的？

马　克：不，我不是这个意思。

李小雨：我不管你是什么意思，别废话了，洗碗去吧。

> "No more nonsense." "Save your nonsense." It means that it is useless or senseless to say any more.

马　丁：帮帮忙吧，老婆，我今天实在太累了。

李小雨：谁不累呀？我跟你一样，也累了一天了。

马　丁：可是，在我们澳大利亚……

李小雨：在澳大利亚怎么样？澳大利亚人就不吃饭，不洗碗？

马　丁：好，好，好，我去洗。

李小雨：这还差不多。

（一边说着话，一边坐在了沙发上，把电视换到了生活频道）

李小雨：老公，快来看！

马　丁：（两手湿漉漉地跑出来）什么事啊？

李小雨：哎呀，你看看你，手也不擦，湿漉漉地就跑出来了。

马　丁：你不是让我快点儿来吗？

李小雨：好了，好了，你看，这件衣服多漂亮！

马　丁：嗨，我还以为什么事儿呢，这衣服你能穿？

李小雨：怎么啦，我怎么不能穿？你不是说我穿什么衣服都好看吗？

马　丁：（低低地）你洗碗的样子更好看。

李小雨：你说什么？

马　丁：没什么！我说你穿什么衣服都好看。
李小雨：去你的！

> "Get out of here, you." "(Get) away with you, then." This is an intimate expression, used only when talking to a very intimate friend or partner.

Pinyin text

Wǒ zuò fàn nǐ xǐ wǎn

(Mǎdīng hé Lǐ Xiǎoyǔ shì yí duì gāng jiéhūn bùjiǔ de xiǎo fūqī. Wǎnfàn hòu, Mǎdīng hěn zìrán de zuò zài shāfā shang, náqǐ diànshìjī de yáokòngqì, dǎkāile diànshìjī de tǐyù píndào. Lǐ Xiǎoyǔ bùmǎn de kànle tā yì yǎn)

Lǐ Xiǎoyǔ: Shìqing dōu gànwán le ma? Yòu kàn diànshì.
Mǎdīng: Hái yǒu shénme shìr?
Lǐ Xiǎoyǔ: Guō ne? Wǎn ne? Kuàizi ne? Nǐ jīntiān hái bù xǐ?
Mǎdīng: Āiyā, lǎopo, bú jiù xǐxi guō-wǎn-piáo-pén ma, nǐ jiù xǐ yi xǐ bei.
Lǐ Xiǎoyǔ: Bùxíng, wǒmen shuōhǎo de, wǒ zuò fàn nǐ xǐ wǎn, nǐ zuò fàn wǒ xǐ wǎn.
Mǎdīng: Kěshì jīntiān …
Lǐ Xiǎoyǔ: Jīntiān zěnme la? Fàn nándào bú shì wǒ zuò de?
Mǎdīng: Bù, wǒ bú shì zhège yìsi.
Lǐ Xiǎoyǔ: Wǒ bùguǎn nǐ shì shénme yìsi, bié fèihuà le, xǐ wǎn qù ba.
Mǎdīng: Bāngbang máng ba, lǎopo, wǒ jīntiān shízài tài lèi le.
Lǐ Xiǎoyǔ: Shuí bú lèi ya? Wǒ gēn nǐ yíyàng, yě lèile yì tiān le.
Mǎdīng: Kěshì, zài wǒmen Àodàlìyà …
Lǐ Xiǎoyǔ: Zài Àodàlìyà zěnmeyàng? Àodàlìyàrén jiù bù chīfàn, bù xǐ wǎn?
Mǎdīng: Hǎo, hǎo, hǎo, wǒ qù xǐ.
Lǐ Xiǎoyǔ: Zhè hái chàbuduō.

(Lǐ Xiǎoyǔ yìbiān shuōzhe huà, yìbiān zuò zài le shāfā shang, bǎ diànshì huàndàole shēnghuó píndào)

Lǐ Xiǎoyǔ: Lǎogōng, kuài lái kàn!
Mǎdīng: (liǎng shǒu shīlùlù de pǎo chūlai) Shénme shì a?
Lǐ Xiǎoyǔ: Āiyā, nǐ kànkan nǐ, shǒu yě bù cā, shīlùlù de jiù pǎo chūlai le.
Mǎdīng: Nǐ bú shì ràng wǒ kuài diǎnr lái ma?
Lǐ Xiǎoyǔ: Hǎo le, hǎo le, nǐ kàn, zhè jiàn yīfu duō piàoliang!
Mǎdīng: Hēi, wǒ hái yǐwéi shénme shìr ne, zhè yīfu nǐ néng chuān?
Lǐ Xiǎoyǔ: Zěnme la, wǒ zěnme bù néng chuān? Nǐ bú shì shuō wǒ chuān shénme yīfu dōu hǎokàn ma?

Mǎdīng: (dīdī de) Nǐ xǐ wǎn de yàngzi gèng hǎokàn.
Lǐ Xiǎoyǔ: Nǐ shuō shénme?
Mǎdīng: Méi shénme! Wǒ shuō nǐ chuān shénme yīfu dōu hǎokàn.
Lǐ Xiǎoyǔ: Qù nǐ de!

根据课文回答问题
Answer questions according to the text.
1. 今天应该谁洗碗？为什么？
2. 今天是谁做的饭？
3. 李小雨今天累不累？
4. 最后，谁去洗碗了？
5. 李小雨为什么让马克快出来？
6. 马丁为什么说李小雨洗碗的样子更好看？

根据课文填空
Fill in the blanks according to the text.

马丁和李小雨是一对小__夫妻__。马丁喜欢看体育比赛，李小雨喜欢买__漂亮__衣服，他们谁都不喜欢__做__家务。一吃过饭，马丁就打开电视看体育比赛，锅碗_____都不管了。李小雨就有些生气，因为他们以前就__说__好了，在家里一个人__做饭__另一个人就洗碗。她今天上班__就累__了一天了，回到家__来__忙着做饭，现在马丁还让她洗碗，这可实在受不了。李小雨就__让__马丁去洗碗，自己看电视。李小雨看到电视上有一件很好看的衣服，赶紧叫马丁出来看看，最好__给__她买一件这样的衣服。

课文二 Kèwén Èr Text 2

做女人难还是做男人难？

在传统的社会中，女人的地位一直比男人低。做女人难还是做男人难，也许是一个老生常谈的话题，却又是一个不得不谈的话题。

很多人都说做男人难。因为不管是传统社会还是现代社会，男人都要面对来自社会、家庭和工作的巨大压力。"男主外，女主内"的观

> Men should be outside working and earning money; women should stay at home and do the housework and take care of the family.

念在以男人为中心的中国尤其突出。男人从小就不自觉地充当起这个"顶梁柱"的角色，一生都生活在一种巨大的责任之中。

作为一个男人，出门在外，他必须负起他的社会责任；下班回家，就要当一个好父亲、好儿子、好丈夫，没有可以放松的时候，天天都承受着巨大的压力。

除了这些以外，男人还要承受来自女人的压力。随着时代的发展和变化，中国的女性也从传统中走了出来。她们可以和男人干同样的工作，面对同样的社会竞争。女性的崛起让男性不得不做得比她们更多、更好。女人越成功，男人的压力也就越大，做男人也就越难。

当然，也有很多人认为做女人更难。因为，女人不但要干好工作，还要当好贤妻良母。现代女人必须承担家庭的负担，而且还要像男人一样，承受自己工作中的酸甜苦辣。

进入社会的中国女人在社会工作中承担的压力跟男人是一样的，也许比男人更多，女人常常要做出更多的努力才能得到和男人一样的机会。女人比男人生活得更累，做女人更难。

Pinyin text

Zuò nǚrén nán háishi zuò nánrén nán?

Zài chuántǒng de shèhuì zhōng, nǚrén de dìwèi yìzhí bǐ nánrén dī. Zuò nǚrén nán háishi zuò nánrén nán, yěxǔ shì yí gè lǎoshēng-chángtán de huàtí, què yòu shì yí gè bùdébù tán de huàtí.

　　Hěn duō rén dōu shuō zuò nánrén nán. Yīnwèi bùguǎn shì chuántǒng shèhuì háishi xiàndài shèhuì, nánrén dōu yào miànduì láizì shèhuì, jiātíng hé gōngzuò de jùdà yālì. "Nán zhǔ wài, nǚ zhǔ nèi" de guānniàn zài yǐ nánrén wéi zhōngxīn de Zhōngguó yóuqí tūchū. Nánrén cóngxiǎo jiù bú zìjué de chōngdāngqǐ zhège "dǐngliángzhù" de juésè, yìshēng dōu shēnghuó zài yì zhǒng jùdà de zérèn zhī zhōng.

　　Zuòwéi yí gè nánrén, chūmén zài wài, tā bìxū fùqǐ tā de shèhuì zérèn; xiàbān huíjiā, jiù yào dāng yí gè hǎo fùqin, hǎo érzi, hǎo zhàngfu, méiyǒu kěyǐ fàngsōng de shíhou, tiāntiān dōu chéngshòuzhe jùdà de yālì.

　　Chúle zhèxiē yǐwài, nánrén hái yào chéngshòu láizì nǚrén de yālì. Suízhe shídài de fāzhǎn hé biànhuà, Zhōngguó de nǚxìng yě cóng chuántǒng zhōng zǒule chūlai. Tāmen kěyǐ hé nánrén gàn tóngyàng de gōngzuò, miànduì tóngyàng de shèhuì jìngzhēng. Nǚxìng de juéqǐ ràng nánxìng bùdébù zuò de bǐ tāmen gèng duō, gèng hǎo. Nǚrén yuè chénggōng, nánrén de yālì yě jiù yuè dà, zuò nánrén yě jiù yuè nán.

　　Dāngrán, yě yǒu hěn duō rén rènwéi zuò nǚrén gèng nán. Yīnwèi, nǚrén búdàn yào gànhǎo gōngzuò, hái yào dānghǎo xiánqī-liángmǔ. Xiàndài nǚrén bìxū chéngdān jiātíng de fùdān, érqiě hái yào xiàng nánrén yíyàng, chéngshòu zìjǐ gōngzuò zhōng de suān-tián-kǔ-là.

　　Jìnrù shèhuì de Zhōngguó nǚrén zài shèhuì gōngzuò zhōng chéngdān de yālì gēn nánrén shì yíyàng de, yěxǔ bǐ nánrén gèng duō, nǚrén chángcháng yào zuòchū gèng duō de nǔlì cái néng dédào hé nánrén yíyàng de jīhui. Nǚrén bǐ nánrén shēnghuó de gèng lèi, zuò nǚrén gèng nán.

根据课文回答问题

Answer questions according to the text.

1. 在传统的社会中，男人和女人谁的地位低？
2. 男人要面对什么样的压力？
3. "男主外，女主内"是什么意思？
4. 男人在社会上应该是一个什么样的人？
5. 男人在家里应该是一个什么样的人？
6. 男人什么时候可以放松一下？
7. 为什么说男人要承受来自女人的压力？
8. 现代社会，女人能不能跟男人干同样的工作？
9. 女人除了干好工作以外还要做什么？
10. 女人要怎么样做才能得到和男人一样的机会？

讨论：在你的周围，是否有"同工不同酬"的现象？

Discussion: Have you seen, in your daily life, any case in which people received unequal wages for the same job?

词语学习 Cíyǔ xuéxí Word practice

❀ 湿漉漉

Adjective: wet, dripping
1. 小王两手湿漉漉地跑出来。
2. 下雨了，到处都是湿漉漉的，真难受！

Other similar words:
湿淋淋 / 冷冰冰 / 红通通 / 白花花 / 黑油油 / 黑漆漆 / 绿油油 / 黄灿灿 / 干巴巴 / 金灿灿

Note: There is not much difference in the basic meaning between adjectives with three-syllable structures, as "ABB" (for example: 湿漉漉), and monosyllable adjective "A" (for example: 湿). The latter part "BB" (for example: 漉漉) functions as the depiction of the scene and sound.

❀ 面对

Verb: to face, to confront
1. 男人要面对来自社会、家庭和工作的巨大压力。
2. 她们可以和男人干同样的工作，面对同样的社会竞争。
3. 面对着这么多的困难，我们一定要更加努力地工作。
4. 同学们面对大山高声地说：我们来了。

注意："对面"是一个方位词，和"面对(V)"是不同的。
对面 is a location word. It means "the opposite," or "the other side." It is different from 面对 (V).

❀ 自

Preposition: from, since
1. 飞机自上海到北京大约需要一个半小时。
2. 我国政府自今年起更改了移民政策。
3. 男人要面对来自社会、家庭和工作的巨大压力。
4. 男人还要承受来自女人的压力。
5. 这篇文章译自《读者文摘》。
6. 这封信寄自美国。

❀ 自觉

Adjective: conscientious, conscious
1. 同学们很自觉，老师在和不在都一样。
2. 这孩子很自觉，从来就不用爸爸妈妈管。
3. 男人从小就不自觉地充当起这个"顶梁柱"的角色。
4. 每个人都应该自觉地遵守社会公德。

❀ 必须

Auxiliary verb: must
1. 作为一个男人，出门在外，他必须负起他的社会责任。
2. 要想取得好成绩，就必须努力学习。
3. 明天的晚会你必须参加。
4. 出国旅行，护照和签证是必须带好的。

❀ 随着 *sui zhe*

Preposition: along with; in the wake of
1. 随着时代的发展和变化，中国的女性也从传统中走了出来。
2. 随着年龄的增长，她显得越来越漂亮了。
3. 随着交流的增多，我们越来越互相了解了。

❀ 负担 *fu dan*

Verb：to bear, to shoulder, to assume
1. 他靠打工来负担自己的学费。
2. 这么多工作由他一个人来负担，真是难为他了。

Noun: burden, load, encumbrance
3. 现代女人必须承担家庭的负担，同时还要像男人一样，感受自己工作中的酸甜苦辣。
4. 他的思想负担很重。

✪ 改写句子

Rewrite the sentences.
1. 一个人去外国留学，会遇到很多困难。
   _____（面对）
2. 这是一列从北京来的火车。
   _____（自）
3. 学习不能依靠别人管着，自己应该管好自己。
   _____（自觉）
4. 经济越来越发展，人们的生活水平也越来越高了。
   _____（随着）
5. 有了孩子以后，他觉得经济压力很大。
   _____（负担）

✪ 想想下面的形容词分别可以用来描写什么？

Think about the following words. What can we describe using these words?
湿漉漉　干巴巴　绿油油　金灿灿　脏兮兮　明晃晃

文化点 Wénhuàdiǎn **Cultural notes**

The Status of Chinese Women

In traditional Eastern culture, the social status of men and women are very different. "Men are honorable, women menial", "Men are in charge of the external affairs, women internal" are the idioms depicting this typical phenomenon. However, with the founding of the People's Republic of China in 1949, gender equality has become a social consensus. The status of women in the workplace and the household has been greatly improved, and "superwoman", "henpecked husband" and "iron lady" are not unique cases anymore.

Unit 9

Dīngkè yì zú
丁克 一族
DINK Family

学习目标
Learning objectives

* 谈论婚育话题

  Talking about marriage and childbirth

* 阐述现象和解释原因

  Elaborating on phenomenon and explaining causes

* 了解中国年轻一代对于婚育的看法

  Understanding the Chinese younger generation's views on marriage and childbirth

* 学习相关词汇和表达方式

  Learning related words and expressions

热身 Rèshēn Warm up

📃 查资料，了解一下最近一百年来中国的家庭模式发生了怎样的变化。
Do some research and understand what changes have taken place in Chinese family patterns over the last 100 years.

📃 讨论：你觉得为什么人们要生孩子？
Discussion: Why do you think people need to have babies?

词语 Cíyǔ **Words and Expressions**

Text 1

1.	丁克	(N.)	dīngkè	DINK (Double Income No Kids)
2.	回心转意		huíxīn-zhuǎnyì	change one's mind; have a change of heart
3.	吧	(N.)	bā	bar
4.	聚会	(V.)	jùhuì	get together; meet
5.	大名鼎鼎		dàmíng-dǐngdǐng	famous, celebrated
6.	族长	(N.)	zúzhǎng	the head of a clan
7.	法子	(N.)	fǎzi	way, method
8.	对付	(V.)	duìfu	counter; cope with; tackle
9.	轮流	(V.)	lúnliú	take turns
10.	耳朵	(N.)	ěrduo	ear
11.	磨	(V.)	mó	rub; wear out; pester
12.	茧子	(N.)	jiǎnzi	callus
13.	清静	(Adj.)	qīngjìng	quiet, peaceful
14.	安心	(Adj.)	ānxīn	calm, relieved; at ease
15.	老爷子	(N.)	lǎoyézi	(a polite form of address for an old man)
16.	老太太	(N.)	lǎotàitai	(a polite form of address for an old woman)
17.	烦	(V. & Adj.)	fán	trouble, bother; annoying, bothersome
18.	整天	(Adv.)	zhěngtiān	all day long
19.	冷清	(Adj.)	lěngqīng	cold, cheerless, deserted

Text 2

20.	转变	(V.)	zhuǎnbiàn	change, transform
21.	画家	(N.)	huàjiā	painter
22.	悄悄	(Adv.)	qiāoqiāo	quietly, secretively
23.	改变	(V.)	gǎibiàn	change, alter, transform
24.	寂寞	(Adj.)	jìmò	lonesome, lonely

25. 行列	(N.)	hángliè	ranks
26. 现象	(N.)	xiànxiàng	phenomenon
27. 另	(Adj. & Adv.)	lìng	besides; in addition; different, other
28. 情感	(N.)	qínggǎn	emotion, feeling, affection
29. 由于	(Prep. & Conj.)	yóuyú	due to; because of; by virtue of
30. 无聊	(Adj.)	wúliáo	bored, boring, senseless
31. 乏味	(Adj.)	fáwèi	dull, insipid, tasteless
32. 自然而然		zìrán'érrán	naturally, spontaneously
33. 重新	(Adv.)	chóngxīn	again, anew, afresh
34. 森林	(N.)	sēnlín	forest
35. 痛苦	(Adj.)	tòngkǔ	painful
36. 分娩	(V.)	fēnmiǎn	give birth to a child
37. 天伦之乐		tiānlúnzhīlè	familial happiness
38. 母爱	(N.)	mǔ'ài	maternal love
39. 付出	(V.)	fùchū	pay, give
40. 结束	(V.)	jiéshù	end, conclude, wind up

● 用本课的生词填空

Fill in the blanks with the new words and expressions in this text.

1. 别看他现在不想结婚，年龄大了自然会_____的。
2. 他们这几个丁克族，每周末都在酒吧里_____。
3. 你这位大名鼎鼎的魔法师，还没有_____对付这种小事吗？
4. 老太太每天都得干好多活儿，手上都磨出_____来了。
5. 孩子们轮流照顾老爷子，让他_____享受晚年。
6. 中国的大家庭现象正在悄悄_____，出现了越来越多的三口之家。
7. 他没有什么兴趣，在这边又没有朋友，下班以后十分_____。
8. 原来的工作太乏味了，他辞职后又找了_____一个工作。
9. 母爱是最伟大的，母亲为孩子能_____一切。
10. 他刚刚_____了一段感情，重新回到了一个人的寂寞生活。

课文一 Kèwén Yī Text 1

你怎么也回心转意了?

(在妇产科医院的走廊上,两位中年孕妇周思丽和吴晓文相遇了)

吴晓文:小周,你好!

周思丽:你好,你是……

吴晓文:我是吴晓文啊,你忘了,上次在"星吧"的聚会上……

周思丽:哦,想起来了,你就是大名鼎鼎的"丁克族长"吴晓文啊,你怎么也回心转意了?

吴晓文:嗨,没法子啊!

周思丽:怎么,老公想要?

吴晓文:老公倒没什么,老爸、老妈实在难对付。

> This is an affectionate way for young people to address their parents. It is not normally used on formal occasions.

周思丽：这话怎么说？

吴晓文：你不知道，我的老爸、老妈，还有他的老爸、老妈，轮流到我家来住上一两个星期。

> This means "Why did you say that?" or "What do you mean by saying that?". It is the same as 这话怎么讲.

周思丽：那不是很好吗？

吴晓文：好什么呀？我和老公的耳朵都快要磨出茧子来了。

周思丽：有那么严重？

吴晓文：可不是，他们这个说谁谁的孙子、孙女怎么怎么样，那个说谁谁的外孙、外孙女怎么怎么样，搞得我和老公都不敢回家。

周思丽：所以你们就……

吴晓文：是啊，为了能清静一点儿，安安心心地过日子，我们只好给他们生一个。

周思丽：这一下，老爷子、老太太该高兴了吧！

> This is the same as 这样一来, meaning "as a result" or "things having been done in this way." It is used to indicate the result of a certain course of action.

吴晓文：可不是。你看我现在胖得……

周思丽：我还不是一样？

吴晓文：怎么，你们家的老爷子、老太太也……

周思丽：我们倒是没老爷子、老太太烦，我们两家的四位老人都已经不在了。

> This means "to have passed away."

吴晓文：那你为什么现在又想要了呢？

周思丽：我们家太清静了，整天冷冷清清的，真受不了。

吴晓文：所以你就……

周思丽：是啊，生个孩子就可以热闹起来了。

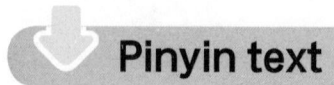

Nǐ zěnme yě huíxīn-zhuǎnyì le?

(zài fùchǎnkē yīyuàn de zǒuláng shang, liǎng wèi zhōngnián yùnfù Zhōu Sīlì hé Wú Xiǎowén xiāngyù le)

Wú Xiǎowén: Xiǎo Zhōu, nǐ hǎo!

Zhōu Sīlì: Nǐ hǎo, nǐ shì …

Wú Xiǎowén: Wǒ shì Wú Xiǎowén a, nǐ wàng le, shàng cì zài "Xīngbā" de jùhuì shang …

Zhōu Sīlì: Ò, xiǎng qǐlai le, nǐ jiù shì dàmíng-dǐngdǐng de "dīngkè zúzhǎng" Wú Xiǎowén a, nǐ zěnme yě huíxīn-zhuǎnyì le?

Wú Xiǎowén: Hēi, méi fǎzi a!

Zhōu Sīlì: Zěnme, lǎogōng xiǎng yào?

Wú Xiǎowén: Lǎogōng dào méi shénme, lǎobà, lǎomā shízài nán duìfu.

Zhōu Sīlì: Zhè huà zěnme shuō?

Wú Xiǎowén: Nǐ bù zhīdao, wǒ de lǎobà, lǎomā, hái yǒu tā de lǎobà, lǎomā, lúnliú dao wǒ jiā lái zhù shàng yì-liǎng gè xīngqī.

Zhōu Sīlì: Nà bú shì hěn hǎo ma?

Wú Xiǎowén: Hǎo shénme ya? Wǒ hé lǎogōng de ěrduo dōu kuàiyào móchū jiǎnzi lái le.

Zhōu Sīlì: Yǒu nàme yánzhòng?

Wú Xiǎowén: Kěbúshì, tāmen zhège shuō shuíshuí de sūnzi, sūnnǚ zěnme zěnme yàng, nàge shuō shuíshuí de wàisūn, wàisūnnǚ zěnme zěnme yàng, gǎo de wǒ hé lǎogōng dōu bù gǎn huíjiā.

Zhōu Sīlì: Suǒyǐ nǐmen jiù …

Wú Xiǎowén: Shì a, wèile néng qīngjìng yìdiǎnr, ānān-xīnxīn de guò rìzi, wǒmen zhǐhǎo gěi tāmen shēng yí gè.

Zhōu Sīlì: Zhè yíxià, lǎoyézi, lǎotàitai gāi gāoxìng le ba!

Wú Xiǎowén: Kěbúshi. Nǐ kàn wǒ xiànzài pàng de …

Zhōu Sīlì: Wǒ hái bú shì yíyàng?

Wú Xiǎowén: Zěnme, nǐmen jiā de lǎoyézi, lǎotàitai yě …

Zhōu Sīlì: Wǒmen dào shì méi lǎoyézi, lǎotàitai fán, wǒmen liǎng jiā de sì wèi lǎoren dōu yǐjing bú zài le.

Wú Xiǎowén: Nà nǐ wèi shénme xiànzài yòu xiǎng yào le ne?

Zhōu Sīlì: Wǒmen jiā tài qīngjìng le, zhěngtiān lěnglěng-qīngqīng de, zhēn shòu bu liǎo.

Wú Xiǎowén: Suǒyǐ nǐ jiù …
Zhōu Sīlì: Shì a, shēng gè háizi jiù kěyǐ rènao qǐlai le.

根据课文回答问题
Answer questions according to the text.

1. 谁是"丁克族长"？
2. 吴晓文为什么说"老爸、老妈实在难对付"？
3. 吴晓文想不想要孩子？现在为什么又要了呢？
4. 周思丽的爸爸妈妈是否也常常去烦他们？为什么？
5. 周思丽为什么想要孩子？她觉得生个孩子家里就会怎么样？

根据课文填空
Fill in the blanks according to the text.

吴晓文_____后不打算要孩子，是一个_____的"丁克族长"。她老公也没_____。可是她和她老公的爸爸、妈妈可不_____想。为了让吴晓文回心_____，老爷子和老太太们_____到她家住_____一两个星期，每天在家里说人家的孙子、孙女怎么样。吴晓文的耳朵都快磨出_____来了。为了能过上清静、_____的日子，也让老人们_____，她只好决定生个孩子。不过这孩子不是给自己生的，是给老人们生的。

课文二 Kèwén Èr Text 2

丁克族的转变

坚持"两人世界"多年的女画家小周，最近突然回心转意，悄悄地告诉我说想要生一个孩子。听了以后，我感到非常吃惊。小周已经40多岁，结婚也已经十几年了，一直不想生孩子，怎么会突然改变了呢？另一位喜欢画画儿的李先生也是比较早的丁克族，可是在他50岁、太太39岁的时候，还是忍不住寂寞，终于走进了三口之家的行列。

这是一个非常有趣的现象：一方面，选择"丁克"生活方式的人越来越多；但是另一方面，能坚持到最后的却很少。为什么会这样呢？原因是多方面的，除了来自社会的一些压力以外，最主要的还是来自他们自己的情感需要。有些结婚多年的丁克族，由于两个人在一起的时间太长，"两人世界"变得越来越无聊、乏味，再想起当年"丁克"的决定，感觉就好像是上一个世纪的事，于是他们自然而然地做出了新的选择，重新回到了三口之家的普通世界。

> This is a rhetorical question in which one both asks and answers. In a text, it is used to make it coherent between describing the phenomenon and explaining the causes.

有些丁克族的转变，常常是因为女主人的观念转变了。沈小姐早就准备"丁克"一生，但是，在她结婚第七年的时候，有一次，她在电视上看到一种生活在澳大利亚森林里的小动物，它们在树上痛苦地分娩。分娩虽然痛苦，但是，孩子带来的那种幸福、那种天伦之乐、那种深深的母爱感动了她。沈小姐终于明白了爱就是付出，于是，她就结束了自己的丁克生活。

Pinyin text

Dīngkè zú de zhuǎnbiàn

Jiānchí "liǎng rén shìjiè" duō nián de nǚ huàjiā Xiǎo Zhōu, zuìjìn tūrán huíxīn-zhuǎnyì, qiāoqiāo de gàosu wǒ shuō xiǎng yào shēng yí gè háizi. Tīngle yǐhòu, wǒ gǎndào fēicháng chījīng. Xiǎo Zhōu yǐjīng sìshí duō suì, jiéhūn yě yǐjīng shí jǐ nián le, yìzhí bù xiǎng shēng háizi, zěnme huì tūrán gǎibiàn le ne? Lìng yí wèi xǐhuan huàhuàr de Lǐ xiānsheng yě shì bǐjiào zǎo de dīngkè zú, kěshì zài tā wǔshí suì, tàitai sānshíjiǔ suì de shíhou, háishi rěnbuzhù jìmò, zhōngyú zǒujìnle sān kǒu zhī jiā de hángliè.

Zhè shì yí gè fēicháng yǒuqù de xiànxiàng: Yì fāngmiàn, xuǎnzé "dīngkè" shēnghuó fāngshì de rén yuèláiyuè duō; dànshì lìng yì fāngmiàn, néng jiānchí dào zuìhòu de què hěn shǎo. Wèi shénme huì zhèyàng ne? Yuányīn shì duō fāngmiàn de, chúle láizì shèhuì de yìxiē yālì yǐwài, zuì zhǔyào de háishi láizì tāmen zìjǐ de qínggǎn xūyào. Yǒuxiē jiéhūn duō nián de dīngkè zú, yóuyú liǎng gè rén zài yìqǐ de shíjiān tài cháng, "liǎng rén shìjiè" biàn de yuèláiyuè wúliáo, fáwèi, zài xiǎngqǐ dāngnián "dīngkè" de juédìng, gǎnjué jiù hǎoxiàng shì shàng yí gè shìjì de shì, yúshì tāmen zìrán'érrán de zuòchūle xīn de xuǎnzé, chóngxīn huídàole sān kǒu zhī jiā de pǔtōng shìjiè.

Yǒuxiē dīngkè zú de zhuǎnbiàn, chángcháng shì yīnwèi nǚzhǔrén de guānniàn zhuǎnbiàn le. Shěn xiǎojiě zǎojiù zhǔnbèi "dīngkè" yìshēng, dànshì, zài tā jiéhūn dì-qī nián de shíhou, yǒu yí cì, tā zài diànshì shang kàndào yì zhǒng shēnghuó zài Àodàlìyà sēnlín li de xiǎo dòngwù, tāmen zài shù shang tòngkǔ de fēnmiǎn. Fēnmiǎn suīrán tòngkǔ, dànshì, háizi dàilái de nà zhǒng xìngfú, nà zhǒng tiānlúnzhīlè, nà zhǒng shēnshēn de mǔ'ài gǎndòngle tā. Shěn xiǎojiě zhōngyú míngbaile ài jiù shì fùchū, yúshì, tā jiù jiéshùle zìjǐ de dīngkè shēnghuó.

根据课文回答问题

Answer questions according to the text.

1. 小周是做什么工作的？她今年多大了？
2. 小周结婚多长时间了？她说她想干什么？
3. 李先生是干什么工作的？他爱人今年多大了？
4. 选择"丁克"生活方式的人多不多？他们是否都能坚持到最后？
5. "丁克族"中的很多人为什么又回到了三口之家的行列里去了呢？
6. "两人世界"时间长了会变成什么样子？
7. 沈小姐结婚几年以后才想要生孩子的？她为什么要结束自己的"丁克"生活？

谈谈你的婚育观：你打算结婚吗？结婚以后会要孩子吗？

Talk about your views on marriage and childbirth: do you plan on getting married? Do you want to have children?

词语学习 Cíyǔ xuéxí Word practice

回心转意

Idiom: change one's mind; have a change of heart

1. 坚持"两人世界"多年的女画家小吴，最近突然回心转意，悄悄地告诉我说想要一个孩子。
2. 他已经认识到自己对妻子的态度不对，开始回心转意了，你们就别再埋怨他了。

3. 他死也不肯回心转意，我有什么办法呢？

❋ 对付

Verb: to counteract; cope with; to tackle
1. 老爸、老妈实在难对付。
2. 对付几个小孩子应该没问题。
3. 学了几个月的汉语，对付看信应该没什么问题了。
4. 我的汉语虽然不太好，但也能对付了。
5. 衣服虽然有点儿旧，但也能对付着穿。

❋ 烦

Verb: to irritate, to bother, to annoy; trouble somebody to do something
1. 我们倒是没老爷子、老太太烦，我们两家的四位老人都已经不在了。
2. 别烦我，我要睡觉了。

Adjective: troublesome, annoying, troubled, annoyed
3. 我最近有点儿烦。
4. 你已经说了十几遍了，我都听烦了。

❋ 转变

Verb: to change, to alter, to transform
1. 有些丁克族的转变，常常是因为女主人的观念突然转变了。
2. 长时间的交往以后，他对她的态度终于有了转变。
3. 她的转变是在不知不觉中发生的。

❋ －家

Suffix: -er, -or, -ist, -ian
文学家 / 音乐家 / 数学家 / 书法家
作家 / 画家 / 教育家 / 旅行家 / 歌唱家 / 专家 / 行家

❋ 由于

Conjunction: due to; because of
1. 由于大家都很努力，加上老师教得也非常好，因此，同学们的汉语水平提高得很快。
2. 由于两个人在一起的时间太长，"两人世界"变得越来越无聊、乏味……于是他们自然而然地做出了新的选择，重新回到了三口之家的普通世界。
3. 由于对这个问题的看法不同，他们吵了起来。

Preposition: for; as a result of; by virtue of
4. 你说得这么好，完全是由于平时多说多练的结果。

5. 由于这个原因，我在纽约住了三年。

❋ 自然而然

Idiom: naturally, spontaneously; produce some result without influence from outer forces
1. 他们自然而然地做出了新的选择，重新回到了三口之家的普通世界。
2. 他们俩整天待在一起，自然而然地产生了深厚的感情。
3. 在北京生活的时间长了，自然而然地也就会说几句北京话了。
4. 我觉得这是自然而然的事儿，有什么好奇怪的？

❋ 结束

Verb: to end, to conclude; wind up
1. 沈小姐终于明白了爱就是付出，于是，她就结束了自己的丁克生活。
2. 结束了对美国的访问，他们又来到了加拿大。
3. 结束这条小狗的生命是很容易的，但却是不对的，你说呢？
4. 学期快要结束了，你准备去哪儿玩儿？
5. 我们俩的关系已经结束了，你还来找我干什么？

⚙ 改写句子

Rewrite the sentences.
1. 昨天你们吵着要离婚，今天你们怎么不离了？
   ＿＿＿＿＿＿＿＿＿＿＿＿＿＿＿＿＿＿＿（回心转意）
2. 因为人口增长太快，中国实行了计划生育政策。
   ＿＿＿＿＿＿＿＿＿＿＿＿＿＿＿＿＿＿＿（由于）
3. 随着年龄的增加，人的想法也就不一样了
   ＿＿＿＿＿＿＿＿＿＿＿＿＿＿＿＿＿＿＿（转变）
4. 小孩是有点烦人，不过长大以后就好了。
   ＿＿＿＿＿＿＿＿＿＿＿＿＿＿＿＿＿＿＿（自然而然）
5. 下周是我们这个学期的最后一周。
   ＿＿＿＿＿＿＿＿＿＿＿＿＿＿＿＿＿＿＿（结束）

Unit 9

 文化点 Wénhuàdiǎn Cultural notes

Chinese Views on Marriage and Childbirth

People in China nowadays are getting older and older when they get married and have children; their views on marriage and childbirth have undergone profound changes.

According to traditional customs, a boy that reaches 20 and a girl that reaches 15 are seen as being of marriageable age. And to have children as soon as possible is a common hope after marriage. The notion of early marriage and childbirth still prevails in rural areas. This apparently has much to do with the notion that for an agricultural country like China, the increase in population is significant to the development of agriculture.

After the founding of the People's Republic of China, the Marriage Law enacted in 1950 stipulated that men should reach twenty and women eighteen before they can legally marry. In 1980, taking the economic and social development under consideration, an amendment was made to the law to increase the eligible marriage age of men to 22 and women to 20, advocating late marriage and childbirth. China's one child policy was also widely carried out.

At present, with the development of the economy, people are getting more and more open-minded regarding marriage and childbirth. The average marriage age is increasing and more and more DINK families appear. This is particularly common in large cities like Shanghai, where, according to media reports, the average age of marriage of Shanghai citizens in 2012 was 32.72 years old for men and 30.3 for women, and the birth rate was reduced to 0.7.

Unit 10

Jiǎnjiǎndāndān
简 简 单 单
Simple Is Best

学习目标
Learning objectives

* 谈论生活方式

  Talking about lifestyles

* 表达意愿并注意语篇的连贯性

  Expressing wishes and paying attention to the coherence of the sentences

* 了解中国人"天人合一"的传统思想

  Understanding the traditional Chinese notion of "nature and man as one"

* 学习相关词语和表达方式

  Learning related words and expressions

热身 Rèshēn Warm up

如果你要请女孩子吃饭，你觉得吃什么合适，吃什么不合适？
If you are to treat a girl to a meal, which food is proper and which are not?

火锅　　　甜点　　　烧烤　　　素食

你听过这些句子吗？还记得起来是谁对你说的吗？
Have you ever heard the following sentences? Can you remember who said them to you?

我都行。
我相信你。
你说了算。
我无所谓。 → I don't care.
你说呢？

讨论：你愿意花更多的钱买有机蔬菜吗？为什么？
Discussion: Are you willing to spend more money on organic vegetables? Why?

词语 Cíyǔ Words and Expressions

Text 1

1.	素	(Adj.)	sù	containing only vegetables
2.	发愁	(V.)	fāchóu	worry; be anxious
3.	怕	(V.)	pà	fear, scare
4.	相信	(V.)	xiāngxìn	believe, trust
5.	失望	(Adj.)	shīwàng	be disappointed
6.	说了算		shuōle suàn	have a say
7.	火锅	(N.)	huǒguō	hotpot
8.	痘	(N.)	dòu	pimple
9.	烧烤	(N.)	shāokǎo	barbecue
10.	无所谓	(V.)	wúsuǒwèi	does not matter; don't care; whatever
11.	动物	(N.)	dòngwù	animal

Text 2

12.	向往	(V.)	xiàngwǎng	yearn for; long for; look forward to
13.	偏偏	(Adv.)	piānpiān	willfully, only; contrary to expectation
14.	辞	(V.)	cí	resign
15.	无论如何		wúlùn-rúhé	in any case; whatever happens; at any rate
16.	然而	(Conj.)	rán'ér	however, but
17.	勇气	(N.)	yǒngqì	courage, pluck, nerve
18.	逃离	(V.)	táolí	escape, leave; get rid of
19.	在乎	(V.)	zàihu	care about
20.	羡慕	(V.)	xiànmù	admire; be envious of
21.	繁华	(Adj.)	fánhuá	prosperous, flourishing, bustling
22.	无论	(Conj.)	wúlùn	regardless of; whether…or…; no matter (what, how, etc.)
23.	房价	(N.)	fángjià	housing price
24.	拥挤	(Adj.)	yōngjǐ	congested

Unit 10

25.	新鲜	(Adj.)	xīnxiān	fresh
26.	追求	(V.)	zhuīqiú	pursue, seek, aspire
27.	因此	(Conj.)	yīncǐ	therefore, so
28.	移居	(V.)	yíjū	migrate
29.	至于	(Prep.)	zhìyú	as for; in terms of
30.	来源	(N.& V.)	láiyuán	source; come from
31.	农场	(N.)	nóngchǎng	farm
32.	种植	(V.)	zhòngzhí	plant
33.	有机	(Adj.)	yǒujī	organic
34.	快递	(V.& N.)	kuàidì	deliver by express mail; express delivery
35.	工业	(N.)	gōngyè	industry
36.	宁静	(Adj.)	níngjìng	serene, tranquil
37.	消失	(V.)	xiāoshī	disappear
38.	理想	(N.& Adj.)	lǐxiǎng	dream; ideal

Proper nouns

39.	四川		Sìchuān	Sichuan Province
40.	江浙		Jiāng-Zhè	Jiangsu and Zhejiang provinces
41.	云南		Yúnnán	Yunnan Province
42.	大理		Dàlǐ	Dali (a city in Yunnan)
43.	北上广		Běi-Shàng-Guǎng	Beijing, Shanghai and Guangzhou
44.	河北		Héběi	Hebei Province

⚙ 用本课的生词填空

Fill in the blanks with the new words and expressions in this text.

1. 他信佛教（fójiào, Buddhism），不吃肉，只吃__素 (su)__。
2. 他正在__fa chou__呢，明天就要交作业了，可他还一个字没写。
3. 你这么能干，我相信你一定不会让我__shiwang__的。
4. 在我们家，我爸爸什么事都无所谓，大小事都是我妈妈__shuole suan__。
5. 夏天的晚上，我喜欢去吃__shao kao__，特别是羊肉串儿。
6. 我想_____掉这份工作，可是一直没有勇气。
7. 城里的_____太高了，因此他决定移居农村。

8. 这家农场种植的蔬菜都是_____食品，非常健康。
9. _____发展破坏了那里的自然环境。
10. 我的梦想不大，就是毕业后找到一份_____的工作。

课文一 Kèwén Yī Text 1

吃素

高一飞：唉，真让人发愁！

水　秀：怎么啦？

高一飞：你不是说要我请你的朋友们吃个饭嘛！问题是请吃什么好呢？

水　秀：中餐热闹，西餐浪漫。我都行。你说呢？

高一飞：我觉得还是中餐吧，西餐有什么好吃的？

水　秀：你不是怕贵吧？你说你喜欢我，请我的朋友们吃个饭都这么小气，哼！

高一飞：哎呀，不是这样。主要是我怕你的朋友们不习惯吃西餐。咱们这边儿的中餐馆多的是。你想吃哪家，咱们就去哪家。

水　秀：我相信你一定不会让我的朋友们失望的，去哪家还是你说了算。

高一飞：嗯，去吃四川火锅怎么样？你的朋友们能吃辣的吗？

水　秀：她们女孩子怕辣，吃辣的脸上长痘。再说，大热天的，吃什么火锅啊！

高一飞：嗯，也是。那江浙菜怎么样？有点甜，女孩子们肯定爱吃。

水　秀：不行，我怕长胖，不能吃甜的。

高一飞：对了，我想起来了。附近新开了一家烧烤店，咱们可以去吃烧烤。

水　秀：你不怕吃出病来？肉吃得太多对健康不好。

高一飞：哎呀，你们女孩子真麻烦！要不咱们干脆吃素食？

水　秀：你不是无肉不欢吗？　　*It means one is unsatisfied without having meat.*

高一飞：无所谓！为了你的朋友，我就吃一回素吧。

水　秀：这就对了，我看，为了健康，你以后就天天吃素吧。

高一飞：那怎么行？！我可是著名的"食肉动物"啊，不吃肉，怎么可能健康？

 **Pinyin text**

Chīsù

(Gāo Yīfēi hé nǚyǒu Shuǐxiù zài shāngliang qǐng péngyoumen chīfàn.)

Gāo Yīfēi: Ài, zhēn ràng rén fāchóu!
Shuǐxiù: Zěnme la?
Gāo Yīfēi: Nǐ bú shì shuō yào wǒ qǐng nǐ de péngyoumen chī gè fàn ma! Wèntí shì qǐng chī shénme hǎo ne?
Shuǐxiù: Zhōngcān rènao, xīcān làngmàn. Wǒ dōu xíng. Nǐ shuō ne?
Gāo Yīfēi: Wǒ juéde háishi zhōngcān ba, xīcān yǒu shénme hǎochī de?
Shuǐxiù: Nǐ bú shì pà guì ba? Nǐ shuō nǐ xǐhuan wǒ, qǐng wǒ de péngyoumen chī gè fàn dōu zhème xiǎoqì, hēng!
Gāo Yīfēi: Āiya, bú shì zhèyàng. Zhǔyào shì wǒ pà nǐ de péngyoumen bù xíguàn chī xīcān. Zánmen zhèbiānr de zhōngcānguǎn duō de shì. Nǐ xiǎng chī nǎ jiā, zánmen jiù qù nǎ jiā.
Shuǐxiù: Wǒ xiāngxìn nǐ yídìng bú huì ràng wǒ de péngyoumen shīwàng de, qù nǎ jiā háishi nǐ shuōle suàn.
Gāo Yīfēi: Ǹg, qù chī Sìchuān huǒguō zěnmeyàng? Nǐ de péngyoumen néng chī là de ma?
Shuǐxiù: Tāmen nǚháizi pà là, chī là de liǎn shang zhǎng dòu. Zàishuō, dà rètiān de, chī shénme huǒguō a!
Gāo Yīfēi: Ǹg, yě shì. Nà Jiāng-Zhè cài zěnmeyàng? Yǒudiǎn tián, nǚháizimen kěndìng ài chī.
Shuǐxiù: Bùxíng, wǒ pà zhǎng pàng, bùnéng chī tián de.
Gāo Yīfēi: Duì le, wǒ xiǎng qǐlai le. Fùjìn xīn kāile yì jiā shāokǎo diàn, zánmen kěyǐ qù chī shāokǎo.
Shuǐxiù: Nǐ bú pà chīchū bìng lái? Ròu chī de tài duō duì jiànkāng bùhǎo.
Gāo Yīfēi: Āiyā, nǐmen nǚháizi zhēn máfan! Yàobu zánmen gāncuì chī sùshí?
Shuǐxiù: Nǐ bú shì wú ròu bù huān ma?
Gāo Yīfēi: Wúsuǒwèi! Wèile nǐ de péngyou, wǒ jiù chī yì huí sù ba.
Shuǐxiù: Zhè jiù duì le, wǒ kàn, wèile jiànkāng, nǐ yǐhòu jiù tiāntiān chīsù ba.
Gāo Yīfēi: Nà zěnme xíng?! Wǒ kě shì zhùmíng de "shíròu dòngwù" a, bù chī ròu, zěnme kěnéng jiànkāng?

Unit 10

◉ **根据课文回答问题**
Answer questions according to the text.
1. 高一飞觉得西餐好吃还是中餐好吃?
2. 高一飞为什么不请水秀的朋友们吃西餐?
3. 水秀的朋友们能吃辣的吗？为什么?
4. 水秀为什么不吃江浙菜?
5. 水秀觉得烧烤怎么样?
6. 高一飞爱不爱吃素食?
7. 高一飞觉得吃什么才健康？为什么?

◉ **根据课文填空**
Fill in the blanks according to the text.
水秀成为高一飞的女朋友后，就想让高一飞请她的朋友们吃_____饭。水秀觉得西餐很_____，可是高一飞觉得西餐没_____好吃的，还挺贵。他家附近中餐馆多的_____，想吃哪家吃哪家。高一飞建议吃四川_____，可是水秀觉得女孩子们都_____吃辣的脸上长痘。甜甜的江浙菜也不行，水秀不爱吃甜的，怕_____胖。烧烤也不行，烧烤都是肉，对_____不好。水秀觉得还是素食好。虽然高一飞是食肉_____，但是为了水秀和她的朋友们，只好吃一_____素了。

课文二 Kèwén Èr Text 2

回家

在很多人都向往城市生活的时候，万小山偏偏辞掉了北京的工作，把家搬到了云南大理的农村，当起了地地道道的农民。

万小山的父母无论如何都想不明白，孩子好不容易才成为"城里人"，可长大后，为什么又要回到农村。然而万小山的朋友们都能理解他的决定，只是，他们没有万小山那样的勇气逃离北上广。

万小山对朋友们说，他并不在乎别人眼中的成功，也不羡慕城市的繁华。他只是觉得在城里活得并不快乐。无论是越来越高的房价，还是拥挤的交通，都让他感觉活得太累。农村新鲜的空气、自然的食物、简简单单的生活，才是自己真正的追求，因此他才决定移居大理。至于经济来源，他打算租一个农场种植有机蔬菜，把蔬菜直接快递给城市里的家庭，让城里人也吃上他种植的绿色食物。

　　实际上，万小山是在农村长大的，对他来说，这不是逃离，而是回家。当然，这个家不是他真正的老家，他在河北农村的老家现在已经变成工业新区了。

　　今天的中国，一方面，繁华的城市在快速长大，另一方面，宁静的乡村在快速消失。"采菊东篱下，悠然见南山"，万小山的理想生活，在现代社会想要实现并不容易。

> This is a famous quote from a poem written by Tao Yuanming of the Eastern Jin Dynasty. It means "when picking chrysanthemums in a fenced garden in the east, I caught a glimpse of those magnificent mountains in the south with the inadvertent rise of my head." These lines have shown the harmony between man and nature and the poet's pursuit of a simple and serene life. The artistic conception and the attitude towards life expressed in the poem have been celebrated by generations of Chinese poets.

Pinyin text

Huíjiā

　　Zài hěn duō rén dōu xiàngwǎng chéngshì shēnghuó de shíhou, Wàn Xiǎoshān piānpiān cídiàole Běijīng de gōngzuò, bǎ jiā bāndàole Yúnnán Dàlǐ de nóngcūn, dāngqǐle dìdìdàodào de nóngmín.

　　Wàn Xiǎoshān de fùmǔ wúlùn-rúhé dōu xiǎng bu míngbai, háizi hǎobù róngyì cái chéngwéi "chénglǐrén", kě zhǎngdà hòu, wèi shénme yòu yào huídào nóngcūn. Rán'ér Wàn Xiǎoshān de péngyoumen dōu néng lǐjiě tā de juédìng, zhǐ shì, tāmen méiyǒu Wàn Xiǎoshān nàyàng de yǒngqì táolí Běi-Shàng-Guǎng.

　　Wàn Xiǎoshān duì péngyoumen shuō, tā bìng bú zàihu biérén yǎn zhōng de chénggōng, yě bú xiànmù chéngshì de fánhuá. Tā zhǐ shì juéde zài chéng li huó de bìng bú kuàilè. Wúlùn shì yuèláiyuè gāo de fángjià, háishi yōngjǐ de jiāotōng, dōu ràng tā gǎnjué huó de tài lèi. Nóngcūn xīnxiān de kōngqì, zìrán de shíwù, jiǎnjiǎndāndān de shēnghuó, cái shì zìjǐ zhēnzhèng de zhuīqiú, yīncǐ tā cái juédìng yíjū Dàlǐ. Zhìyú jīngjì láiyuán, tā dǎsuan zū yí gè nóngchǎng zhòngzhí yǒujī shūcài, bǎ shūcài zhíjiē kuàidì gěi chéngshì li de jiātíng, ràng chénglǐrén yě chīshàng tā zhòngzhí de lǜsè shíwù.

　　Shíjìshang, Wàn Xiǎoshān shì zài nóngcūn zhǎngdà de, duì tā láishuō, zhè bú shì táolí, érshì huíjiā. Dāngrán, zhège jiā bú shì tā zhēnzhèng de lǎojiā, tā zài Héběi nóngcūn de lǎojiā xiànzài yǐjīng biànchéng gōngyè xīnqū le.

　　Jīntiān de Zhōngguó, yì fāngmiàn, fánhuá de chéngshì zài kuàisù zhǎngdà, lìng yì fāngmiàn, níngjìng de xiāngcūn zài kuàisù xiāoshī. "Cǎi jú dōng lí xià, yōurán jiàn nán shān", Wàn Xiǎoshān de lǐxiǎng shēnghuó, zài xiàndài shèhuì xiǎng yào shíxiàn bìng bù róngyì.

○ 根据课文回答问题
Answer questions according to the text.
1. 万小山把家从哪儿搬到了哪儿？
2. 万小山的父母能理解万小山的决定吗？
3. 万小山为什么不喜欢城市生活？
4. 万小山为什么决定移居大理？
5. 万小山在大理打算做什么工作？
6. 万小山的老家在哪里？他为什么不回自己的老家？
7. 万小山的理想生活是什么样的？

○ 讨论：如果你是万小山的父母，你支持不支持万小山回农村，为什么？
Discussion: If you were Wan Xiaoshan's parents, would you support Wan Xiaoshan in returning to the countryside? Why?

词语学习 Cíyǔ xuéxí Word practice

❀ 发 -

Prefix: to get (become)
1. 以前是为了吃什么发愁，现在是为了吃什么好发愁。
2. 发呆 / 发怒 / 发笑 / 发疯 / 发火 / 发脾气

❀ 怕

Verb: be afraid of; to fear
1. 他不怕冷，但很怕热。
2. 天很黑，我怕极了。
3. 他谁都不怕，只怕女朋友。

4. 他常常怕输，却一直都输。
5. 湖南人吃饭是不怕辣，就怕不辣。
6. 王老师怕你不知道，所以叫我来告诉你。

Adverb: perhaps
7. 这本书怕（恐怕）有三百页吧。
8. 你现在才去上课，怕是要迟到了。

偏偏

Adverb: willfully, only; contrary to expectation
1. 别人都想在大城市工作，万小山却偏偏要去农村生活。
2. 偏偏喜欢上了一个不喜欢我的人，你说我该怎么办？
3. 我在家的时候，你们不来；我走了，你们偏偏又来了。
4. 大家都在努力工作，为什么偏偏你一个人在睡大觉？

无论如何

Adverb: in any case; whatever happens; at any rate
1. 万小山的父母无论如何都想不明白，为什么小山要辞掉北京的工作。
2. 小王的生日晚会，你无论如何也得参加。
3. 饭已经准备好了，无论如何你也得吃完了再走。
4. 无论如何也不能少了小王，他可是今天的主角。

然而

Conjunction: however, but
1. 虽然父母不支持小山，然而朋友们都理解小山的决定。
2. 我很爱她，然而却不能跟她结婚。
3. 她是一个不太漂亮然而却很聪明的姑娘。
4. 母亲觉得孩子以后应该成为一个音乐家，然而，孩子却不这样想。

无论

Conjunction: regardless of; no matter (what, how, etc.); whether...or...
1. 你们无论有什么问题，都可以来找我。
2. 无论什么课都要好好儿地学习。
3. 他不喜欢上学，因为他觉得，无论老师还是同学们都不喜欢他。
4. 国家无论大小，都应平等相处。

因此

Conjunction: therefore
1. 万小山觉得在城市里生活太累。因此，想把家搬到农村去。

2. 万小山是在农村长大的，因此移居大理对他来说也算是另外一种回家。
3. 由于大家都很努力，加上老师教得也非常好，因此，同学们的汉语水平提高得都很快。
4. 由于准备得很好，因此工作起来非常顺利。

注意："因此"不能跟"因为"连用，但可以跟"由于"连用。

因此 cannot be used together with 因为, but may be used together with 由于.

完成句子
Complete the sentences.

1. 明天是除夕，按照中国人的习惯，_____（无论如何）
2. 父母希望他能留在城里，_____（偏偏）
3. 他特别喜欢中国武术，_____（因此）
4. 这是普通人的看法，_____（然而）
5. 我已经决定要辞职了，_____（无论）
6. 我们还是早一点出发吧，_____（怕）

文化点 Wénhuàdiǎn Cultural notes

"The Harmony Between Man and Nature" and "Ecological Civilization"

Different from Western philosophy, which is based on the dichotomy of humanity and nature and, emphasizes knowing and conquering nature, Chinese philosophy emphasizes the harmony and the unity of human and nature, a way of thinking that focuses on the interconnectedness of things. Harmony and tolerance have become the values that the Chinese people pursue and the distinctive way in which they think about and deal with problems. Chinese culture has always advocated a harmony between man and nature.

The cosmology in traditional culture has provided for a sound theoretical and social foundation for the construction of an ecological civilization in contemporary China. Considering the fact that environmental problems seriously impede social and economic development, this kind of ecological ethic has helped to attract attention to the environment and the human-nature relationship. The dream to build a beautiful China with sound ecological system is not only a future prospect but also an inheritance from a great and ancient culture.

Unit 11

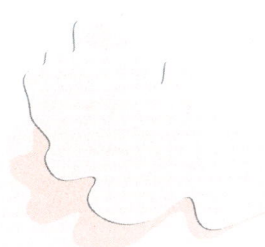

Shēng yǔ sǐ
生　与　死
Life and Death

学习目标
Learning objectives

* 谈论人的生死话题

  Talking about life and death

* 表达不同观点的争议

  Expressing the argument between different opinions

* 了解中国人的生死观

  Understanding the Chinese ideas of life and death

* 学习相关词语和表达方式

  Learning related words and expressions

热身 Rèshēn **Warm up**

💬 人生之路
Way of life.

_____   _____   _____   _____

你觉得人生中还有哪些大事? _____
What other big events can you think of in life?

💬 讨论：你支持还是反对"自杀权"(zì shā quán)? 为什么? 你怎么看"安乐死"(ān lè sǐ)?
Discussion: Do you support or oppose "the right to commit suicide"? Why? How do you personally view euthanasia"?

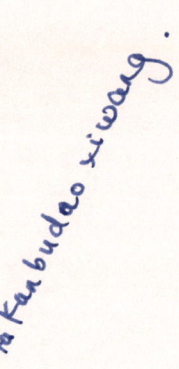

ta kan budao xiwang.

词语 Cíyǔ Words and Expressions

Text 1

1.	安乐死	(N.)	ānlèsǐ	euthanasia
2.	安乐	(Adj.)	ānlè	peaceful and happy
3.	与	(Conj.)	yǔ	and
4.	无精打采		wújīng-dǎcǎi	listless; out of sorts; in low spirits
5.	兄妹	(N.)	xiōngmèi	brother and sister
6.	孝顺	(V.)	xiàoshùn	show filial piety; treat one's parents with filial respect
7.	开口		kāikǒu	open one's mouth; start to talk about sth.
8.	不孝子	(N.)	búxiàozǐ	unworthy child
9.	止疼	(V.)	zhǐ téng	relieve pain
10.	效果	(N.)	xiàoguǒ	effect
11.	拜托	(V.)	bàituō	request sb. to do sth.; entrust sth. to sb.
12.	打听	(V.)	dǎting	inquire about; ask about
13.	通知	(V.&N.)	tōngzhī	notify; notice, bulletin

Text 2

14.	权利	(N.)	quánlì	right(s)
15.	合法	(V.)	héfǎ	be legal; be legitimate
16.	引起	(V.)	yǐnqǐ	give rise to; cause, arouse
17.	讨论	(V.&N.)	tǎolùn	discuss; talk over; discussion
18.	国内	(PW)	guónèi	domestic
19.	医学	(N.)	yīxué	medical science
20.	-界		-jiè	field, circle, boundary — i.e. jīngjìjiè
21.	人士	(N.)	rénshì	personage, people; public figure
22.	认同	(V.)	rèntóng	accept, recognize, approve
23.	尊重	(V.)	zūnzhòng	respect
24.	减少	(V.)	jiǎnshǎo	reduce, lessen

Unit 11

25. 不治之症		búzhìzhīzhèng	incurable/ terminal disease
26. 使用	(V.)	shǐyòng	employ, apply, use
27. 医疗	(N.)	yīliáo	medical treatment
28. 设备	(N.)	shèbèi	equipment, facilities
29. 资源	(N.)	zīyuán	resources
30. 浪费	(V.& N.)	làngfèi	waste
31. 法律	(N.)	fǎlǜ	law
32. 个体	(N.)	gètǐ	individual
33. 利益	(N.)	lìyì	benefit, profit, interest
34. 整体	(N.)	zhěngtǐ	the whole; entirety
35. 任何	(Pron.)	rènhé	any, whichever, whatever
36. 报道	(V.&N.)	bàodào	report
37. 护士	(N.)	hùshi	nurse
38. 表明	(V.)	biǎomíng	make clear; indicate
39. 所有	(Adj.)	suǒyǒu	all, every
40. 癌症	(N.)	áizhèng	cancer
41. 实施	(V.)	shíshī	implement; put into effect
42. 同时	(N.)	tóngshí	meanwhile; at the same time
43. 市民	(N.)	shìmín	city resident; urban dweller
44. 禁止	(V.)	jìnzhǐ	prohibit, forbid
		Proper noun	
45. 荷兰		Hélán	the Netherlands (Holland)

❂ 用本课的生词填空

Fill in the blanks with the new words and expressions in this text.

1. 允许病人选择 ___anlesi___ 是对病人的一种尊重。
2. 工资减少以后，员工们上班时都 ___wujingdacai___ 的。
3. 他兄妹四人，他和姐妹们都挺孝顺老人的，只有老大哥一人是个 ___buxiaozi___ 。
4. 这种药的止疼 ___xiaoguo___ 非常好。
5. 老同学，拜托你了，能不能帮我 ___dating___ 一下，我有希望被录用吗？
6. "安乐死"是不是人的合法权利，这个问题引起了很大的 ___taolun___ 。
7. 作为一名医学界人士，我认为应该在公共场合 ___jinzhi___ 抽烟。

8. 这家医院新购买了一套治疗癌症的医疗_____。
9. _____利益和整体利益有冲突的时候，法律往往是维护整体利益。
10. 根据新闻报道，新的交通法将于明年一月一号_____。

课文一 Kèwén Yī Text 1

"安乐死"还是"安乐活"？

高一飞：最近怎么了，总是无精打采的？

张　天：别提了，我们家老爷子……

高一飞：老爷子怎么啦？

张　天：他呀，还能怎么样？病了这么多年，你是知道的。

高一飞：是啊，你们兄妹没少受罪。朋友们谁不夸你们孝顺！

张　天：还孝顺呢？这几天老爷子差点儿没把我们给骂死。

高一飞：怎么啦？

张　天：嗨，老爷子也不知从哪儿听说了什么"安乐死"。

高一飞：什么？"安乐死"？老爷子想"安乐死"？

张　天：可不是，疼起来就叫着要"安乐死"。

高一飞：那你们就好好儿地劝劝呗。

张　天：还劝呢，我们哪开得了口啊？

高一飞：怎么？

张　天：只要一开口，他就大骂我们是不孝子。可真让他"安乐死"了，亲戚朋友们就会骂我是不孝子。

高一飞：骂就让他骂呗。不过，我倒听说有一种手术挺好的。

张　天：是吗？什么手术？

高一飞：听说是一种叫什么"安乐活"的手术，止疼效果特别好。而且，做一次手术能管好几年呢。

张　天：真的？在哪儿能做呢？

高一飞：这个我倒不太清楚，不过我可以帮你问问。

张　天：那真是太感谢你了。

高一飞：<u>咱们谁跟谁呀，还用得着客气</u>？ *This means "We are friends. Why do we need such courtesy?"*

张　天：好吧，那就拜托你了。

高一飞：你放心，我打听到了以后，就马上打电话通知你。

张　天：好的，谢谢！

高一飞：瞧你，<u>又来了</u>。 *In this context of the dialogue it means "Why have you said 'Thank you' again?" or in other words, "You don't have to be so courteous."*

 **Pinyin text**

"Ānlèsǐ" háishi "ānlèhuó"?

Gāo Yīfēi: Zuìjìn zěnme le, zǒngshì wújīng-dǎcǎi de?
Zhāng Tiān: Bié tí le, wǒmen jiā lǎoyézi …
Gāo Yīfēi: Lǎoyézi zěnme la?
Zhāng Tiān: Tā ya, hái néng zěnmeyàng? Bìngle zhème duō nián, nǐ shì zhīdao de.
Gāo Yīfēi: Shì a, nǐmen xiōngmèi méi shǎo shòuzuì. Péngyoumen shuí bù kuā nǐmen xiàoshùn!
Zhāng Tiān: Hái xiàoshùn ne? Zhè jǐ tiān lǎoyézi chàdiǎnr méi bǎ wǒmen gěi màsǐ.
Gāo Yīfēi: Zěnme la?
Zhāng Tiān: Hēi, lǎoyézi yě bù zhī cóng nǎr tīngshuōle shénme "ānlèsǐ".
Gāo Yīfēi: Shénme? "Ānlèsǐ"? Lǎoyézi xiǎng "ānlèsǐ"?
Zhāng Tiān: Kěbúshi, téng qǐlai jiù jiàozhe yào "ānlèsǐ".
Gāo Yīfēi: Nà nǐmen jiù hǎohāor de quànquan bei.
Zhāng Tiān: Hái quàn ne, wǒmen nǎ kāi de liǎo kǒu a?
Gāo Yīfēi: Zěnme?
Zhāng Tiān: Zhǐyào yī kāikǒu, tā jiù dà mà wǒmen shì búxiàozǐ. Kě zhēn ràng tā "ānlèsǐ" le, qīnqi péngyoumen jiù huì mà wǒ shì búxiàozǐ.
Gāo Yīfēi: Mà jiù ràng tā mà bei. Búguò, wǒ dào tīngshuō yǒu yì zhǒng shǒushù tǐng hǎo de.
Zhāng Tiān: Shì ma? Shénme shǒushù?
Gāo Yīfēi: Tīngshuō shì yì zhǒng jiào shénme "ānlèhuó" de shǒushù, zhǐténg xiàoguǒ tèbié hǎo. Érqiě, zuò yí cì shǒushù néng guǎn hǎo jǐ nián ne.
Zhāng Tiān: Zhēn de? Zài nǎr néng zuò ne?
Gāo Yīfēi: Zhège wǒ dào bú tài qīngchu, búguò wǒ kěyǐ bāng nǐ wènwen.
Zhāng Tiān: Nà zhēnshì tài gǎnxiè nǐ le.
Gāo Yīfēi: Zánmen shuí gēn shuí ya, hái yòng de zháo kèqi?
Zhāng Tiān: Hǎo ba, nà jiù bàituō nǐ le.
Gāo Yīfēi: Nǐ fàngxīn, wǒ dǎting dàole yǐhòu, jiù mǎshàng dǎ diànhuà tōngzhī nǐ.
Zhāng Tiān: Hǎo de, xièxie!
Gāo Yīfēi: Qiáo nǐ, yòu lái le.

Unit 11

根据课文回答问题
Answer questions according to the text.
1. 张天最近怎么样?
2. 张天的爸爸怎么啦?他想干什么?
3. 张天对他爸爸孝顺不孝顺?
4. 张天的爸爸骂他们是什么?
5. 有一种手术叫什么?这种手术有什么用?
6. 高一飞知道不知道在哪儿做手术?
7. 谁去打听做手术的事儿?
8. 从他们的谈话里我们可以知道他们俩是什么关系?

根据课文填空
Fill in the blanks according to the text.
张天他们家老爷子病了很多年了,最近病得越来越_____,主要是疼,疼起来真是_____死还难受。老爷子不知道从哪儿_____了"安乐死"这回事儿,现在每天都喊着不想活了,叫医生给他"安乐死"得了。张天不同意,老爷子就骂张天是个_____。可实际上,张天和他们兄弟几个都是大孝子,自从老爷子生病,哥几个轮流_____没夜地照顾老爷子,去医院看病也_____了不少钱,张天的亲戚朋友都_____他们几个对老人真是好。张天想,哪怕再受_____、再花钱,也不能让老爷子安乐死啊!要不怎么_____亲戚朋友交代呢。

课文二 Kèwén Èr Text 2

死的权利

2001年4月10日,荷兰成为世界上第一个把"安乐死"合法化的国家。这件事在中国引起了热烈的讨论。

北京某医学院的一位老师说,国内有一些医学界人士认同"安乐死"。他们认为,"安乐死"尊重病人的愿望,减少病人的痛苦。另外,得了不治之症的病人最后都要使用一些高级的医疗设备,这也是医疗资源的一种浪费。

一些法律界人士却认为,如果"安乐死"合法化了,可能会使一些不该死的人死去。医生关心的只是病人的个体利益,但是,法律却要关心社会的整体利益,任何人都没有权利选择自己的生和死。

另外,根据报道,2001年4月,武汉某医院对"安乐死"问题在522名护士中进行了调查,结果表明,大多数护士同意"安乐死",小部分人不能决定,不同意的人很少。

调查表明,几乎所有的护士都认为,对于癌症病人来说,减少他们的痛苦是最重要的。

调查还表明,大多数护士认为,如果"安乐死"合法化,最好让法官去实施,不应该让医生去做。

差不多同时,北京一家报纸对北京市民也进行了一次调查。结果,大多数人不反对"安乐死"。只有很少的人认为应该禁止实施"安乐死"。但更多的人还是认为毕竟"生死有命",应该顺其自然。

> The life and death of a person is predetermined by destiny, which is irresistible. This phrase comes from *The Analects of Confucius* and *Baopuzi* of the Eastern Jin Dynasty.

Pinyin text

Sǐ de quánlì

Èr líng líng yī nián sì yuè shí rì, Hélán chéngwéi shìjiè shang dì-yī gè bǎ "ānlèsǐ" héfǎhuà de guójiā. Zhè jiàn shì zài Zhōngguó yǐnqǐle rèliè de tǎolùn.

Běijīng mǒu yīxuéyuàn de yí wèi lǎoshī shuō, guónèi yǒu yìxiē yīxuéjiè rénshì rèntóng "ānlèsǐ". Tāmen rènwéi, "ānlèsǐ" zūnzhòng bìngrén de yuànwàng, jiǎnshǎo bìngrén de tòngkǔ. Lìngwài, déle búzhìzhīzhèng de bìngrén zuìhòu dōu yào shǐyòng yìxiē gāojí de yīliáo shèbèi, zhè yě shì yīliáo zīyuán de yì zhǒng làngfèi.

Yìxiē fǎlǜjiè rénshì què rènwéi, rúguǒ "ānlèsǐ" héfǎhuà le, kěnéng huì shǐ yìxiē bù gāi sǐ de rén sǐqù. Yīshēng guānxīn de zhǐ shì bìngrén de gètǐ lìyì, dànshì, fǎlǜ què yào guānxīn shèhuì de zhěngtǐ lìyì, rènhé rén dōu méiyǒu quánlì xuǎnzé zìjǐ de shēng hé sǐ.

Lìngwài, gēnjù bàodào, èr líng líng yī nián sì yuè, Wǔhàn mǒu yīyuàn duì "ānlèsǐ" wèntí zài wǔbǎi èrshí'èr míng hùshi zhōng jìnxíngle diàochá, jiéguǒ biǎomíng, dàduōshù hùshi tóngyì "ānlèsǐ", xiǎo bùfen rén bùnéng juédìng, bù tóngyì de rén hěn shǎo.

Diàochá biǎomíng, jīhū suǒyǒu de hùshi dōu rènwéi, duìyú áizhèng bìngrén láishuō, jiǎnshǎo tāmen de tòngkǔ shì zuì zhòngyào de.

Diàochá hái biǎomíng, dàduōshù hùshi rènwéi, rúguǒ "ānlèsǐ" héfǎhuà, zuì hǎo ràng fǎguān qù shíshī, bù yīnggāi ràng yīshēng qù zuò.

Chàbuduō tóngshí, Běijīng yì jiā bàozhǐ duì Běijīng shìmín yě jìnxíngle yí cì diàochá. Jiéguǒ, dàduōshù rén bù fǎnduì "ānlèsǐ". Zhǐ yǒu hěn shǎo de rén rènwéi yīnggāi jìnzhǐ shíshī "ānlèsǐ". Dàn gèng duō de rén háishi rènwéi bìjìng "shēngsǐ yǒu mìng", yīnggāi shùnqízìrán.

根据课文回答问题

Answer questions according to the text.

1. 什么时候，哪个国家在世界上第一个把"安乐死"合法化？ he lan
2. 北京某医学院的老师认为，在中国，哪些人认同"安乐死"？ yixuejie
3. 医学界的某些人认为"安乐死"怎么样？ jianshao bingren de tongku
4. 法律界的人士对"安乐死"的态度是怎么样的？
5. 法律界人士认为医生只关心什么人？
6. 法律应该关心什么人的利益？
7. 法律界人士认为人们有没有权力选择自己的生和死？
8. 武汉某医院的护士是不是同意"安乐死"？ dabufen
9. 护士们认为，对于癌症病人来说，什么是最重要的？ jianshao tong
10. 护士们认为，"安乐死"应该由谁去实施？ fa guan
11. 大多数北京市民对"安乐死"是什么态度？ hen duo ren bu fan dui

讨论："安乐死"有什么好处和坏处？是否应该合法化？

Discussion: What are the advantages and disadvantages of euthanasia? Should it be legalized?

"安乐死"的好处	"安乐死"的坏处

xinfu anqing de shenghuo?

What do the people living with think of death?

词语学习 Cíyǔ xuéxí **Word practice**

❋ 无精打采

Idiom: listless; in low spirits; out of sorts
1. 你最近怎么了，总是无精打采的？
2. 瞧你，一副无精打采的样子。
3. 他无精打采地坐在那儿，一句话也不说。

❋ 打听

Verb: inquire about; ask about
1. 你放心，我打听到了以后，就马上打电话通知你。
2. 你在家等着，我去打听打听。
3. 别着急，小王已经出去打听消息了。
4. 我又不懂汉语，向谁去打听呢？
5. 对不起，打听一下，哪儿有卖邮票的？

❋ －界

Suffix: field, circle, boundary

国界 / 边界 / 分界 / 交界

学术界 / 医学界 / 科技界 / 教育界 / 自然界 / 动物界 / 植物界 / 生物界
1. 国内有一些医学界人士认同"安乐死"。
2. 一些法律界人士却认为，如果"安乐死"合法化了，可能会使一些不该死的人死去。

❋ 减少

Verb: to reduce, to lessen
1. "安乐死"可以减少病人的痛苦。
2. 真希望能减少一些麻烦。
3. 他想把公司里的人员减少到200人。
4. 我希望能把损失减少到最小的程度。

❋ 浪费

Verb: to waste
1. 别浪费时间了。
2. 把这些水果都吃完吧，别浪费了。
3. 你这样真是太浪费钱了。

Noun: waste
4. 这也是医疗资源的一种浪费。

同时

Adverb: at the same time; simultaneously

1. 他们两个人差不多同时走进了教室。
2. 同时发生了这么多事，我也不知道应该怎么办。
3. 没想到，她们姐妹俩会同时爱上你。
4. 差不多同时，北京一家报纸对北京市民也进行了一次调查。
5. 在吃药的同时，你还要多注意休息。

Conjunction: meanwhile, moreover, besides, furthermore; in the meantime

6. 他是一位好老师，同时，也是我们的好朋友。
7. 马克不但喜欢学习汉语，同时还喜欢学习中国文学。

禁止

Verb: to prohibit, to forbid

1. 只有很少的人认为应该禁止实施安乐死。
2. 教室里禁止吸烟！
3. 考试的时候禁止和别人说话。

所有

Adjective: all

1. 几乎所有的护士都认为，对于癌症病人来说，减少他们的痛苦是最重要的。
2. 这里所有的人都是我的朋友。
3. 所有的朋友都来为她的生日祝福。
4. 所有问题都解决了。

完成句子：

Complete the sentences.

1. 他昨天晚上睡得晚，今天 _____（无精打采）
2. 您好，_____，第一医院怎么走？（打听）
3. 教室里 _____。（禁止）
4. 听他说这些废话，真是 _____！（浪费）
5. 我这次来有两个目的，一是来看看老朋友，_____，_____。（同时）

 文化点 Wénhuàdiǎn **Cultural notes**

Han Nationality's View on Life and Death

Every nation has its own view on life and death. The Han nationality's view on this issue is heavily influenced by Confucianism, Taoism and Buddhism.

According to Taoism, one's life and death are predetermined by destiny; this Taoist attitude has formed a Chinese tradition of being "happily born and peacefully dead." The basic principle of Taoism on life and death is that it is just a natural phenomenon. Although Buddhism talks about reincarnation, which is used as a deterrent for immoral behavior, but the Zen view is more transcendent, believing that both life and death are inevitable aspects of life, which requires one to overcome obduracy, spurn distraction and be true to the self.

In general, the Han nationality takes a realistic attitude towards life and death, regarding it as natural and emphasizing on one's present life. On one hand, the Han people avoid talking about death as it is a taboo; on the other hand, they try to accept death and look at it as a natural process.

Unit 12

Rùxiāng-suísú
入乡随俗
When in Rome

学习目标
Learning objectives

* 谈论文化差异与文化交融

  Talking about cultural difference and integration

* 叙述、说明性成段表达

  Narrating and illustrating in a whole passage

* 学习相关词语和表达方式

  Learning related words and expressions

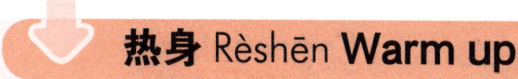

热身 Rèshēn Warm up

世界上很多著名的大学，都有很多华人和华裔学生，你觉得这是为什么？
Why do you think there are so many Chinese students in famous universities around the world?

你觉得世界各地的文化是同大于异，还是异大于同？为什么？
Do you think there are more similarities than differences or vice versa in the cultures of different parts of the world? Why?

Unit 12

词语 Cíyǔ Words and Expressions

1.	入乡随俗		rùxiāng-suísú	When in Rome, do as the Romans do.
2.	若干	(Num.)	ruògān	a number, amount, or quantity of sth.
3.	大陆	(N.)	dàlù	mainland, continent
4.	不断	(Adv.)	búduàn	unceasingly, endlessly, continuously
5.	差异	(N.)	chāyì	difference, divergence, discrepancy
6.	日益	(Adv.)	rìyì	increasingly; day by day
7.	显露	(V.)	xiǎnlù	become visible; manifest, appear
8.	遇到	(V.)	yùdào	run into; encounter; come across
9.	外地	(PW)	wàidì	other parts of the country *(opposite of 外地 → 本地)*
10.	出差	(V.)	chūchāi	go on an official/ business trip
11.	临时	(Adj.)	línshí	for the time being; temporary
12.	照看	(V.)	zhàokàn	look after; take care of
13.	抓	(V.)	zhuā	arrest, catch
14.	香烟	(N.)	xiāngyān	cigarette
15.	未	(Adv.)	wèi	under; not yet
16.	成年	(V.)	chéngnián	come of age; grow up
17.	委屈	(Adj.)	wěiqu	feel (one has been) wronged
18.	人高马大		réngāo-mǎdà	tall and strong
19.	长辈	(N.)	zhǎngbèi	elder, senior
20.	往往	(Adv.)	wǎngwǎng	often, frequently; more often than not
21.	之间	(LW)	zhījiān	between, among
22.	子女	(N.)	zǐnǚ	sons and daughters; offspring
23.	占	(V.)	zhàn	constitute, hold; account for; make up
24.	更加	(Adv.)	gèngjiā	more; even more
25.	儿童	(N.)	értóng	children
26.	教育	(V.&N.)	jiàoyù	educate; education

27.	表现	(V.)	biǎoxiàn	show, manifest, display
28.	事实上		shìshíshàng	in fact; in actuality
	事实	(N.)	shìshí	fact
29.	仍旧	(Adv.)	réngjiù	still, yet
30.	保持	(V.)	bǎochí	keep, maintain, preserve
31.	典型	(N.&Adj.)	diǎnxíng	model, type; representative, typical
32.	例子	(N.)	lìzi	example
33.	体罚	(V.)	tǐfá	administer corporal punishment
34.	疼爱	(V.)	téng'ài	be very fond of; love dearly
35.	被告	(N.)	bèigào	defendant; the accused
36.	产生	(V.)	chǎnshēng	produce, engender; come into being
37.	欣慰	(Adj.)	xīnwèi	relieved, gratified

Proper nouns

38.	洛杉矶	Luòshānjī	Los Angeles
39.	华盛顿	Huáshèngdùn	Washington D.C.
40.	悉尼	Xīní	Sydney
41.	墨尔本	Mò'ěrběn	Melbourne
42.	香港	Xiānggǎng	Hong Kong
43.	台湾	Táiwān	Taiwan

◎ 用本课的生词填空

Fill in the blanks with the new words and expressions in this text.

1. 到了哪儿，就要遵守哪儿的风俗习惯，这就叫_____。
2. 随着两国之间的交流不断深入，两国的关系也变得_____密切。
3. 现在，在我们国家，到处都能_____从中国来的游客。
4. 事实上，在当代中国，_____这种教育子女的错误方式已经不再普遍。
5. 这孩子才十五岁，还是一个_____成年人，却长得人高马大。
6. 奶奶十分_____孙子，生怕孙子在外头受一点儿委屈。
7. 他俩本来是好朋友，后来在工作中_____了一些矛盾，就不来往了。
8. 参加工作后，他仍旧_____着每天读书的好习惯。
9. 看到子女生活幸福，工作顺利，长辈们也感到非常_____。
10. 因为生产假冒香烟，他被警察抓到了，后来送到法院，成了_____。

入乡随俗

若干年来,在美国的洛杉矶、华盛顿,加拿大的温哥华、多伦多,澳大利亚的悉尼、墨尔本等地,来自中国大陆、香港、台湾的移民一直在不断增加。随着移民人数的增多,东西方文化之间的差异也日益显露出来。

一位老奶奶就遇到了这样的问题。她的女儿开了一家商店,最近,她女儿要去外地出差,就让她临时照看一下,可是还不到一个星期,她就被警察给抓走了,原因是她把香烟卖给了未成年人。

老奶奶觉得很难理解：在中国的时候，谁来买烟她都可以卖。而且，让她觉得委屈的是，来她这儿买烟的人，个个人高马大，哪个都不像未成年人，再说，孩子也可以给他们的父母长辈买烟啊！

像她这样的老人根本不能理解和接受这样的文化和规定，可是，年轻人却往往很快就可以接受。这样一来，他们之间有时就会出现一些问题。在有些城市的中小学里，华裔移民的子女差不多占了一半左右，黑眼睛、黄皮肤的华裔孩子到处都可以看到，这种问题也就更加突出。无论是美国、加拿大等国的儿童教育家，还是华裔家长自己，都已经越来越清楚地发现，东西方的文化差异，在家长教育子女的方式上，表现得越来越明显。

事实上，大多数华裔家庭即使已经离开了中国，使用的仍旧是传统的东方教育方式。特别是华裔母亲，更是希望自己的孩子能保持东方文化的传统，于是，她们仍旧根据在中国时的方式来教育子女。但是，她们的孩子却和她们不同，他们到了西方国家以后，在学校和社会的影响下，比家长们更容易接受西方文化，尤其是西方人教育子女的开放方式。因此，父母和孩子之间就常常会发生许多问题，其中最典型的例子就是体罚孩子的问题。在中国人看来，"打是疼，骂是爱"，可是在美国、在加拿大，许多华裔家长却因体罚孩子成了被告。

> In this sentence, 疼 does not mean pain as 疼痛, but love and caring as 疼爱. 打是疼，骂是爱 means beating and scolding is a way to show love.

美国等西方国家的法律禁止家长体罚孩子，中国等东方国家却不是这样，因此，家长和孩子之间就很容易产生问题。不过，让人欣慰的是，越来越多的家长已经

认识到"入乡随俗"的道理，开始慢慢地改变自己的教育方式。

Rùxiāng-suísú

Ruògān nián lái, zài Měiguó de Luòshānjī, Huáshèngdùn, Jiānádà de Wēngēhuá, Duōlúnduō, Àodàlìyà de Xīní, Mò'ěrběn děng dì, láizì Zhōngguó dàlù, Xiānggǎng, Táiwān de yímín yìzhí zài búduàn zēngjiā. Suízhe yímín rénshù de zēngduō, Dōng-Xīfāng wénhuà zhījiān de chāyì yě rìyì xiǎnlù chūlai.

Yí wèi lǎonǎinai jiù yùdàole zhèyàng de wèntí. Tā de nǚ'ér kāile yì jiā shāngdiàn, zuìjìn, tā nǚ'ér yào qù wàidì chūchāi, jiù ràng tā línshí zhàokàn yíxià, kěshì hái bú dào yí gè xīngqī, tā jiù bèi jǐngchá gěi zhuāzǒu le, yuányīn shì tā bǎ xiāngyān mài gěile wèichéngniánrén.

Lǎonǎinai juéde hěn nán lǐjiě: Zài Zhōngguó de shíhou, shuí lái mǎi yān tā dōu kěyǐ mài. Érqiě, ràng tā juéde wěiqu de shì, lái tā zhèr mǎi yān de rén, gègè réngāo-mǎdà, nǎge dōu bú xiàng wèichéngniánrén, zàishuō, háizi yě kěyǐ gěi tāmen de fùmǔ zhǎngbèi mǎi yān a!

Xiàng tā zhèyàng de lǎorén gēnběn bù néng lǐjiě hé jiēshòu zhèyàng de wénhuà hé guīdìng, kěshì, niánqīngrén què wǎngwǎng hěn kuài jiù kěyǐ jiēshòu. Zhèyàng yìlái, tāmen zhījiān yǒushí jiù huì chūxiàn yìxiē wèntí. Zài yǒuxiē chéngshì de zhōng-xiǎoxué li, huáyì yímín de zǐnǚ chàbuduō zhànle yíbàn zuǒyòu, hēi yǎnjing, huáng pífū de Huáyì háizi dàochù dōu kěyǐ kàndào, zhè zhǒng wèntí yě jiù gèngjiā tūchū. Wúlùn shì Měiguó, Jiānádà děng guó de értóng jiàoyùjiā, háishi huáyì jiāzhǎng zìjǐ, dōu yǐjīng yuèláiyuè qīngchu de fāxiàn, Dōng-Xīfāng de wénhuà chāyì, zài jiāzhǎng jiàoyù zǐnǚ de fāngshì shang, biǎoxiàn de yuèláiyuè míngxiǎn.

Shìshíshàng, dàduōshù huáyì jiātíng jíshǐ yǐjīng líkāile Zhōngguó, shǐyòng de réngjiù shì chuántǒng de Dōngfāng jiàoyù fāngshì. Tèbié shì huáyì mǔqin, gèngshì xīwàng zìjǐ de háizi néng bǎochí Dōngfāng wénhuà de chuántǒng, yúshì, tāmen réngjiù gēnjù zài Zhōngguó shí de fāngshì lái jiàoyù zǐnǚ. Dànshì, tāmen de háizi què hé tāmen bùtóng, tāmen dàole Xīfāng guójiā yǐhòu, zài xuéxiào hé shèhuì de yǐngxiǎng xià, bǐ jiāzhǎngmen gèng róngyì jiēshòu Xīfāng wénhuà, yóuqí shì Xīfāngrén jiàoyù zǐnǚ de kāifàng fāngshì. Yīncǐ, fùmǔ hé háizi zhījiān jiù chángcháng huì fāshēng xǔduō wèntí, qízhōng zuì diǎnxíng de lìzi jiù shì tǐfá háizi de wèntí. Zài Zhōngguórén kànlái, "dǎ shì téng, mà shì ài", kěshì zài Měiguó, zài Jiānádà, xǔduō huáyì jiāzhǎng què yīn tǐfá háizi chéngle bèigào.

Měiguó děng Xīfāng guójiā de fǎlǜ jìnzhǐ jiāzhǎng tǐfá háizi, Zhōngguó děng Dōngfāng guójiā què bú shì zhèyàng, yīncǐ, jiāzhǎng hé háizi zhījiān jiù hěn róngyì chǎnshēng wèntí. Búguò, ràng rén xīnwèi de shì, yuèláiyuè duō de jiāzhǎng yǐjīng rènshi dào "rùxiāng-suísú" de dàoli, kāishǐ mànmān de gǎibiàn zìjǐ de jiàoyù fāngshì.

○ 根据课文回答问题

Answer questions according to the text.
1. 若干年来，来自什么地方的移民不断增加？
2. 移民人数的增加带来了什么样的问题？
3. 警察为什么抓走了这位老奶奶？
4. 老奶奶为什么觉得很委屈？
5. 老奶奶对西方文化的态度是什么样的？
6. 年轻人和老人相比有什么不同？
7. 美加教育家和华裔家长们越来越清楚地发现了什么？
8. 大多数华裔家庭使用的是什么样的教育方式？
9. 许多华裔家长为什么会成为被告？
10. 华裔家长为什么开始改变自己的教育方式？

○ 讨论：说一说中西方教育理念上的差异

Discussion: Talk about the culture differences in educational philosophy between China and the West.

	家庭教育	学校教育	社会教育
中国			
西方			

词语学习 Cíyǔ xuéxí Word practice

❋ 若干

Numeral: a number of (typically used in written Chinese)
1. 若干小时 / 若干朋友 / 若干问题 / 若干想法
2. 若干年来，在美国、加拿大、澳大利亚等地，来自中国大陆、香港、台湾的移民一直在不断增加。

❋ 不断

Adverb: continuously, endlessly, unceasingly

1. 移民人数一直在不断增加。
2. 新的问题不断出现。
3. 白小姐就是在父母、同事和朋友们的不断"关心"下，才无可奈何地告别了坚持多年的丁克生活。

❀ 日益

Adverb: increasingly; day by day (typically used in written Chinese)
1. 随着移民人数的不断增加，文化的差异也日益显露出来。
2. 收入日益增加，生活也日益改善。

❀ 往往

Adverb: often, frequently; more often than not
1. 年轻人往往很快就可以接受这种规定。
2. 小王往往工作到很晚才睡觉。
3. 学习外语，读和写往往比听和说要容易些吗？

❀ 仍旧

Adverb: still, yet
1. 其实，大多数华裔家庭即使已经到了国外，使用的却仍旧是传统的东方的教育方式。
2. 虽然我已经跟他讲了很多次，他仍旧不愿意去看我的父母。
3. 虽然已经七八十岁了，他的身体却仍旧那么健康。

❀ 保持

Verb: to keep, to maintain, to preserve
1. 特别是华裔母亲，更是希望自己的孩子能保持东方文化的传统。
2. 请保持安静，不要吵。
3. 希望我们今后能继续保持联系。

❀ 之间

Location word: among, between
1. 家长和孩子之间就很容易产生问题。
2. 苏州在上海和南京之间。
3. 两个房子之间有一条小路。
4. 那个东西不贵，价钱大概在一百块和一百五十块之间。
5. 说话之间就做完了。
6. 随着移民人数的增多，东西方文化之间的差异也日益显露出来。

❀ 典型

Adjective: typical, representative
1. 最典型的例子就是体罚孩子的问题。

2. 他是一个典型的好学生。
3. 这个例句很典型。

Noun: type, model
4. 他是我们大家学习的典型。
5. 张老师是我们学校年轻教授的典型。

完成句子
Complete sentences.
1. 关于这件事，我们还有 _____。（若干）
2. 希望你以后继续刻苦学习汉语，_____。（不断）
3. 在国外旅游的时候，中国人 _____。（往往）
4. 他虽然年纪大了，但仍旧 _____。（保持）

用所给的词造句
Make sentences using the given words.
1. 之间
2. 典型
3. 日益

文化点 Wénhuàdiǎn Cultural notes

Chinese Emigration

Chinese emigration has a long history, with a large number of emigrants and a widespread distribution. The following are several major kinds of emigrants.

Business emigrant. Since Zheng He's expedition to the west in the Ming Dynasty, large numbers of people started to emigrate to the countries of southeast Asia, doing business for a living.

Labor emigrant. Since the Opium War in the mid-nineteenth century, a large group of Chinese workers emigrated to America, Europe and other countries because of the increasing demand for industrial and agricultural workers.

Student emigrant. After the reform and opening-up policy was carried out in China's mainland in the 1980s, the criteria for overseas study became more relaxed and more students have been studying abroad. It was in vogue to go abroad then with many such students settling in foreign countries after graduation.

Investment emigrant. The economic development achieved by thirty years' of reform and opening-up has facilitated the rapid accumulation of wealth. The recent years have seen a new round of overseas investment amongst Chinese people. Canada, Australia, America, Britain and Singapore are the hottest countries for investment immigration.

词语索引 Index of Vocabulary

The number after the word represents the ordinal number of the text.

1. 癌症 áizhèng/11.2
2. 安乐 ānlè/11.1
3. 安乐死 ānlèsǐ/11.1
4. 安心 ānxīn/9.1
5. 吧 ba/9.1
6. 白日梦 báirìmèng/5.2
7. 拜托 bàituō/11.1
8. 办公室 bàngōngshì/4.2
9. 保持 bǎochí/12
10. 报道 bàodào/11.2
11. 抱 bào/7.2
12. 抱歉 bàoqiàn/5.1
13. 被告 bèigào/12
14. 比例 bǐlì/1.2
15. 必须 bìxū/8.2
16. 毕竟 bìjìng/5.2
17. 鞭炮 biānpào/3.2
18. 变化 biànhuà/8.2
19. 标志 biāozhì/6
20. 表明 biǎomíng/11.2
21. 表示 biǎoshì/6
22. 表现 biǎoxiàn/12
23. 不断 búduàn/12
24. 不利 búlì/4.1
25. 不同 bùtóng/1.1
26. 不下 búxià/6
27. 不孝子 búxiàozǐ/11.1
28. 不用 búyòng/1.1
29. 不治之症 búzhìzhīzhèng/11.2
30. 布置 bùzhì/2.2
31. 擦 cā/8.1
32. 猜 cāi/7.1
33. 猜想 cāixiǎng/4.2
34. 彩票 cǎipiào/5.1
35. 差异 chāyì/12
36. 产生 chǎnshēng/12
37. 长辈 zhǎngbèi/12
38. 唱段 chàngduàn/7.2
39. 炒鱿鱼 chǎo yóuyú/1.1
40. 成（10%）chéng（10%）/5.2
41. 成长 chéngzhǎng/4.1
42. 成年 chéngnián/12
43. 成为 chéngwéi/6
44. 承担 chéngdān/8.2
45. 承受 chéngshòu/8.2
46. 城里 chéng li/4.1
47. 充当 chōngdāng/8.2
48. 出差 chūchāi/12
49. 出难题 chū nántí/2.2
50. 除夕 chúxī/3.2
51. 处理 chǔlǐ/2.1
52. 创业 chuàngyè/5.2
53. 辞 cí/10.2
54. 辞职 cízhí/2.1
55. 村民 cūnmín/6
56. 答案 dá'àn/1.2
57. ……得很 …de hěn/2.1
58. 打听 dǎting/11.1
59. 大部分 dàbùfen/5.2
60. 大吃一惊 dàchī-yìjīng/7.2
61. 大多数 dàduōshù/5.2
62. 大夫 dàifu/6
63. 大观 dàguān/7.2
64. 大陆 dàlù/12
65. 大妈 dàmā/3.1
66. 大名鼎鼎 dàmíng-dǐngdǐng/9.1
67. 单位 dānwèi/2.1
68. 当 dāng/2.2
69. 倒 dào/1.1
70. 倒是 dàoshì/1.1
71. 倒数 dàoshǔ/4.2
72. 得到 dédào/3.2
73. 得了 déle/7.1
74. 得罪 dézuì/2.1
75. 瞪 dèng/4.2
76. 低 dī/4.2
77. 抵达 dǐdá/3.2
78. 地球村 dìqiúcūn/6
79. 地位 dìwèi/8.2
80. 典型 diǎnxíng/12
81. 点头 diǎntóu/4.2
82. 调查 diàochá/1.2
83. 丁克 dīngkè/9.1
84. 顶梁柱 dǐngliángzhù/8.2
85. 动物 dòngwù/10.1
86. 痘 dòu/10.1
87. 对 duì/3.2
88. 对付 duìfu/9.1
89. 对话 duìhuà/6
90. 儿童 értóng/12
91. 耳朵 ěrduo/9.1
92. 发 fā/5.1
93. 发财 fācái/5.1

94. 发愁 fāchóu/10.1
95. 发挥 fāhuī/1.2
96. 发行 fāxíng/5.2
97. 发展 fāzhǎn/7.2
98. 乏味 fáwèi/9.2
99. 法律 fǎlǜ/11.2
100. 法子 fǎzi/9.1
101. 烦 fán/9.1
102. 繁华 fánhuá/10.2
103. 反而 fǎn'ér/5.2
104. 反面 fǎnmiàn/2.2
105. 房价 fángjià/10.2
106. 放松 fàngsōng/8.2
107. 废话 fèihuà/8.1
108. 分娩 fēnmiǎn/9.2
109. 服务 fúwù/1.2
110. 福气 fúqi/3.1
111. 付出 fùchū/9.2
112. 负担 fùdān/8.2
113. 负责 fùzé/3.2
114. 改 gǎi/5.1
115. 改变 gǎibiàn/9.2
116. 改革 gǎigé/2.1
117. 干吗 gànmá/1.1
118. 个体 gètǐ/11.2
119. 更改 gēnggǎi/5.1
120. 更加 gèngjiā/12
121. 工业 gōngyè/10.2
122. 工资 gōngzī/1.1
123. 贡献 gòngxiàn/1.2
124. 购 gòu/5.2
125. 孤独 gūdú/7.2
126. 观念 guānniàn/8.2
127. 官 guān/2.1
128. 管 guǎn/3.1
129. 光临 guānglín/4.1
130. 规则 guīzé/7.1

131. 锅 guō/8.1
132. 国际 guójì/6
133. 国内 guónèi/11.2
134. 好 hǎo/4.1
135. 合法 héfǎ/11.2
136. 候车室 hòuchēshì/3.2
137. 护士 hùshi/11.2
138. 化 huà/1.2
139. 画 huà/3.1
140. 画儿 huàr/3.1
141. 画家 huàjiā/9.2
142. 话题 huàtí/8.2
143. 槐树 huáishù/7.2
144. 慌张 huāngzhāng/7.2
145. 回心转意 huíxīn-zhuǎnyì/9.1
146. 婚礼 hūnlǐ/7.1
147. 火锅 huǒguō/10.1
148. 机会 jīhuì/7.2
149. 吉利 jílì/5.1
150. 记者 jìzhě/3.2
151. 际 jì/2.1
152. 寂寞 jìmò/9.2
153. 加班 jiābān/1.1
154. 加上 jiāshàng/3.2
155. 家长 jiāzhǎng/4.2
156. 家访 jiāfǎng/4.2
157. 家庭 jiātíng/8.2
158. 假若 jiǎruò/5.2
159. 茧子 jiǎnzi/9.1
160. 减少 jiǎnshǎo/11.2
161. 建成 jiànchéng/6
162. 建筑 jiànzhù/6
163. 将 jiāng/3.2
164. 角色 juésè/8.2
165. 教育 jiàoyù/12
166. 接待 jiēdài/6

167. 接着 jiēzhe/6
168. 结束 jiéshù/9.2
169. 解雇 jiěgù/2.1
170. 解决 jiějué/2.2
171. -界 -jiè/11.2
172. 金钱 jīnqián/1.2
173. 进行 jìnxíng/1.2
174. 禁止 jìnzhǐ/11.2
175. 经历 jīnglì/6
176. 惊讶 jīngyà/2.2
177. 居民 jūmín/1.2
178. 局限 júxiàn/7.2
179. 巨大 jùdà/8.2
180. 聚会 jùhuì/9.1
181. 捐款 juānkuǎn/4.1
182. 崛起 juéqǐ/8.2
183. 开口 kāikǒu/11.1
184. 看来 kànlái/1.2
185. 考 kǎo/4.2
186. 颗 kē/4.2
187. 刻苦 kèkǔ/7.2
188. 空空荡荡 kōngkōng-dàngdàng/3.2
189. 快递 kuàidì/10.2
190. 筷子 kuàizi/8.1
191. 困难 kùnnan/4.1
192. 来源 láiyuán/10.2
193. 浪费 làngfèi/11.2
194. 老伴儿 lǎobànr/3.1
195. 老公 lǎogōng/8.1
196. 老年 lǎonián/3.1
197. 老婆 lǎopo/8.1
198. 老生常谈 lǎoshēng-chángtán/8.2
199. 老太太 lǎotàitai/9.1
200. 老爷子 lǎoyézi/9.1
201. 冷清 lěngqīng/9.1

202. 理 lǐ/2.1
203. 理想 lǐxiǎng/10.2
204. 利益 lìyì/11.2
205. 例子 lìzi/12
206. 俩 liǎng/3.1
207. 连锁店 liánsuǒdiàn/1.1
208. 列车 lièchē/3.2
209. 临近 línjìn/3.2
210. 临时 línshí/12
211. 凌晨 língchén/6
212. 另 lìng/9.2
213. 旅游 lǚyóu/5.2
214. 轮流 lúnliú/9.1
215. 卖关子 mài guānzi/7.1
216. 美好 měihǎo/6
217. 梦想 mèngxiǎng/5.2
218. 迷信 míxìn/5.1
219. 米 mǐ/6
220. 密集 mìjí/3.2
221. 面对 miànduì/8.2
222. 面子 miànzi/2.1
223. 名 míng/4.2
224. 明星 míngxīng/2.2
225. 磨 mó/9.1
226. 莫名其妙 mòmíng-qímiào/4.2
227. 母爱 mǔ'ài/9.2
228. 目前 mùqián/4.2
229. 那样 nàyàng/2.2
230. 奶奶 nǎinai/3.1
231. 男性 nánxìng/5.2
232. 难看 nánkàn/7.1
233. 难为情 nánwéiqíng/4.2
234. 能够 nénggòu/5.2
235. 能力 nénglì/1.2
236. 年纪 niánjì/3.1
237. 宁静 níngjìng/10.2
238. 农场 nóngchǎng/10.2
239. 女士 nǚshì/6
240. 女性 nǚxìng/5.2
241. 怕 pà/10.1
242. 排号 páihào/5.1
243. 派 pài/5.1
244. 泡 pào/7.2
245. 盆 pén/8.1
246. 偏偏 piānpiān/10.2
247. 瓢 piáo/8.1
248. 拼 pīn/2.2
249. 拼命 pīnmìng/1.1
250. 平等 píngděng/8.1
251. 破碎 pòsuì/2.2
252. 其 qí/1.2
253. 起来 qǐlái/2.2
254. 气氛 qìfēn/6
255. 强 qiáng/1.2
256. 悄悄 qiāoqiāo/9.2
257. 瞧 qiáo/3.1
258. 亲切 qīnqiè/4.2
259. 轻而易举 qīng'éryìjǔ/2.2
260. 清静 qīngjìng/9.1
261. 情感 qínggǎn/9.2
262. 全部 quánbù/4.1
263. 权利 quánlì/11.2
264. 缺少 quēshǎo/4.1
265. 确实 quèshí/1.1
266. 然而 rán'ér/10.2
267. 让座 ràngzuò/4.2
268. 惹 rě/4.2
269. 热烈 rèliè/6
270. 人高马大 réngāo-mǎdà/12
271. 人士 rénshì/11.2
272. 人员 rényuán/2.1
273. 认同 rèntóng/11.2
274. 认真 rènzhēn/7.2
275. 任何 rènhé/11.2
276. 仍旧 réngjiù/12
277. 日益 rìyì/12
278. 如此 rúcǐ/5.2
279. 如何 rúhé/2.1
280. 入乡随俗 rùxiāng-suísú/12
281. 若干 ruògān/12
282. 森林 sēnlín/9.2
283. 沙发 shāfā/4.2
284. 商量 shāngliang/7.1
285. 商品 shāngpǐn/1.2
286. 上网 shàngwǎng/7.1
287. 烧烤 shāokǎo/10.1
288. 设备 shèbèi/11.2
289. 社会 shèhuì/8.2
290. 生 shēng/3.1
291. 生命 shēngmìng/6
292. 失望 shīwàng/2.1
293. 失望 shīwàng/10.1
294. 湿漉漉 shīlùlù/8.1
295. 时差 shíchā/6
296. 时代 shídài/8.2
297. 实施 shíshī/11.2
298. 实现 shíxiàn/5.2
299. 使用 shǐyòng/11.2
300. 世纪 shìjì/6
301. 市民 shìmín/11.2
302. 事实 shìshí/12
303. 事实上 shìshíshàng/12
304. 是否 shìfǒu/5.2
305. 收入 shōurù/1.1
306. 首都 shǒudū/1.2
307. 受 shòu/1.2
308. 受罪 shòuzuì/3.1
309. 书法 shūfǎ/3.1

#	Word	#	Word	#	Word
310.	熟练 shúliàn/7.2	345.	同意 tóngyì/3.2	379.	显眼 xiányǎn/3.2
311.	数 shù/5.1	346.	痛苦 tòngkǔ/9.2	380.	县 xiàn/4.1
312.	数字 shùzì/5.2	347.	头彩 tóucǎi/5.2	381.	现代 xiàndài/8.2
313.	双 shuāng/6	348.	投入 tóurù/7.2	382.	现象 xiànxiàng/9.2
314.	双方 shuāngfāng/3.2	349.	投资 tóuzī/4.1	383.	羡慕 xiànmù/10.2
315.	顺利 shùnlì/4.1	350.	突出 tūchū/8.2	384.	相信 xiāngxìn/10.1
316.	说了算 shuōle suàn/10.1	351.	突然 tūrán/7.2	385.	香烟 xiāngyān/12
317.	说情 shuōqíng/2.1	352.	团圆 tuányuán/3.2	386.	详细 xiángxì/4.1
318.	撕 sī/2.2	353.	推 tuī/4.2	387.	享受 xiǎngshòu/1.1
319.	素 sù/10.1	354.	外地 wàidì/12	388.	向往 xiàngwǎng/10.2
320.	酸甜苦辣 suān-tián-kǔ-là/8.2	355.	完全 wánquán/5.2	389.	消失 xiāoshī/10.2
321.	随着 suízhe/8.2	356.	挽救 wǎnjiù/6	390.	孝顺 xiàoshùn/11.1
322.	碎片 suìpiàn/2.2	357.	碗 wǎn/8.1	391.	效果 xiàoguǒ/11.1
323.	孙女 sūnnǚ/3.1	358.	网 wǎng/7.1	392.	校长 xiàozhǎng/2.1
324.	孙子 sūnzi/3.1	359.	网虫 wǎngchóng/7.2	393.	笑星 xiàoxīng/6
325.	所 suǒ/4.1	360.	网恋 wǎngliàn/7.1	394.	欣慰 xīnwèi/12
326.	所有 suǒyǒu/11.2	361.	网络 wǎngluò/7.2	395.	新鲜 xīnxiān/10.2
327.	塔 tǎ/6	362.	网民 wǎngmín/7.2	396.	行列 hángliè/9.2
328.	太祖母 tàizǔmǔ/7.2	363.	网站 wǎngzhàn/7.2	397.	行政 xíngzhèng/2.1
329.	坦率 tǎnshuài/7.2	364.	往往 wǎngwǎng/12	398.	性 xìng/6
330.	逃离 táolí/10.2	365.	委屈 wěiqu/12	399.	兄妹 xiōngmèi/11.1
331.	讨论 tǎolùn/11.2	366.	卫星 wèixīng/6	400.	许多 xǔduō/2.2
332.	讨人喜欢 tǎo rén xǐhuan/3.1	367.	未 wèi/12	401.	宣布 xuānbù/6
333.	疼爱 téng'ài/12	368.	无精打采 wújīng-dǎcǎi/11.1	402.	悬 xuán/4.2
334.	提供 tígōng/5.2	369.	无聊 wúliáo/9.2	403.	选择 xuǎnzé/1.2
335.	体罚 tǐfá/12	370.	无论 wúlùn/10.2	404.	压力 yālì/8.2
336.	天伦之乐 tiānlúnzhīlè/9.2	371.	无论如何 wúlùn-rúhé/10.2	405.	要求 yāoqiú/3.2
337.	天文 tiānwén/5.2	372.	无所谓 wúsuǒwèi/10.1	406.	页 yè/2.2
338.	挑 tiāo/3.2	373.	午夜 wǔyè/3.2	407.	夜晚 yèwǎn/6
339.	听戏 tīng xì/7.2	374.	喜糖 xǐtáng/7.2	408.	医疗 yīliáo/11.2
340.	通过 tōngguò/6	375.	戏剧 xìjù/7.2	409.	医学 yīxué/11.2
341.	通知 tōngzhī/11.1	376.	先后 xiānhòu/6	410.	移居 yíjū/10.2
342.	同时 tóngshí/11.1	377.	贤妻良母 xiánqī-liángmǔ/8.2	411.	以……为…… yǐ…wéi…/8.2
343.	同事 tóngshì/2.1	378.	显露 xiǎnlù/12	412.	以为 yǐwéi/2.1
344.	同样 tóngyàng/8.2			413.	意识 yìshi/1.2
				414.	意味着 yìwèizhe/5.2

415. 意义 yìyì/1.1	437. 增加 zēngjiā/1.2	459. 煮 zhǔ/3.2
416. 因此 yīncǐ/10.2	438. 占 zhàn/12	460. 祝福 zhùfú/6
417. 引起 yǐnqǐ/11.2	439. 照看 zhàokàn/12	461. 祝愿 zhùyuàn/6
418. 影响 yǐngxiǎng/1.2	440. 真 zhēn/7.1	462. 抓 zhuā/12
419. 拥挤 yōngjǐ/10.2	441. -者 -zhě/5.2	463. 转变 zhuǎnbiàn/9.2
420. 勇气 yǒngqì/10.2	442. 整体 zhěngtǐ/11.2	464. 追求 zhuīqiú/10.2
421. 由 yóu/2.1	443. 整天 zhěngtiān/9.1	465. 准点 zhǔndiǎn/3.2
422. 由于 yóuyú/9.2	444. 正好 zhènghǎo/2.2	466. 资金 zījīn/4.1
423. 游戏 yóuxì/7.1	445. 正式 zhèngshì/6	467. 资源 zīyuán/11.2
424. 友好 yǒuhǎo/6	446. 之间 zhījiān/12	468. 子女 zǐnǚ/12
425. 有机 yǒujī/10.2	447. 止疼 zhǐténg/11.1	469. 自 zì/8.2
426. 有请 yǒuqǐng/4.2	448. 指导 zhǐdǎo/4.1	470. 自觉 zìjué/8.2
427. 幼儿园 yòu'éryuán/2.2	449. 至于 zhìyú/10.2	471. 自然 zìrán/7.1
428. 与 yǔ/11.1	450. 中彩 zhòngcǎi/5.1	472. 自然而然 zìrán'érrán/9.2
429. 遇到 yùdào/12	451. 中奖 zhòngjiǎng/5.1	473. 总经理 zǒngjīnglǐ/6
430. 元首 yuánshǒu/6	452. 中心 zhōngxīn/1.2	474. 总算 zǒngsuàn/4.2
431. 愿望 yuànwàng/5.2	453. 终于 zhōngyú/7.2	475. 族长 zúzhǎng/9.1
432. 杂志 zázhì/2.2	454. 种植 zhòngzhí/10.2	476. 嘴 zuǐ/4.2
433. 在乎 zàihu/10.2	455. 重新 chóngxīn/9.2	477. 最近 zuìjìn/2.1
434. 责任 zérèn/8.2	456. 周末 zhōumò/1.1	478. 尊重 zūnzhòng/11.2
435. 曾 céng/1.2	457. 主 zhǔ/8.2	479. 做饭 zuò fàn/8.1
436. 曾经 céngjīng/5.2	458. 主动 zhǔdòng/7.2	

责任编辑：翟淑蓉
英文编辑：韩芙芸
封面设计：Daniel Gutierrez
插　　图：笑　龙　秦媛媛

图书在版编目（CIP）数据

当代中文（修订版）课本．4 / 吴中伟主编．-- 北京：华语教学出版社，2015.1
ISBN 978-7-5138-0836-1

I. ①当… Ⅱ. ①吴… Ⅲ. ①汉语 - 对外汉语教学 - 教材 Ⅳ. ① H195.4

中国版本图书馆 CIP 数据核字 (2014) 第 286227 号

《当代中文》修订版

课本

4

主编　吴中伟

*

© 孔子学院总部 / 国家汉办

华语教学出版社有限责任公司出版
（中国北京百万庄大街 24 号　邮政编码 100037）
电话：(86)10-68320585, 68997826
传真：(86)10-68997826, 68326333
网址：www.sinolingua.com.cn
电子信箱：hyjx@sinolingua.com.cn
新浪微博地址：http://weibo.com/sinolinguavip
大厂回族自治县彩虹印刷有限公司印刷
2003 年（16 开）第 1 版
2015 年（16 开）修订版
2016 年修订版第 3 次印刷
（汉英）
ISBN 978-7-5138-0836-1
定价：69.00 元